생명의 탄생과 진화론

대한과학진흥회 _엮음

스완미디어
SWAN MEDIA

책 머리에

오늘날 우리들은 고도로 발달된 과학 문명의 혜택 속에 살고 있습니다.

우리의 선진 조국 창조를 위해 무엇보다 중요한 것이 과학기술의 개발입니다. 특히 자원이 부족한 우리나라에서 가꾸어야 할 유일한 자원은 과학 기술로 무장한 풍부한 인력 자원입니다.

대한 과학 진흥회에서는 배우는 학생들을 위해 사물을 깊이 관찰하는 습관과 합리적이고 창의적인 과학적 사고를 심어 주기 위한 방법의 하나로 과학 문고를 엮어 내고 있습니다.

과학 문고를 펴냄에 있어서 딱딱한 과학지식을 그림을 곁들여 쉽고 재미있게 이야기로 풀어 써서 학생들이 스스로 원리를 발견하고 재미를 느끼게 함으로써 과학의 여러 분야에 대하여 흥미를 갖고 접근할 수 있도록 하였습니다.

이 책과 더불어 많은 학생들이 과학에 깊은 관심을 갖고 탐구심과 창의력을 기르며 과학을 생활화 할 줄 아는 사람이 되는데 많은 도움이 되었으면 하고 바라는 마음 간절합니다.

기획편찬 **대한과학진흥회**

차례

생명의 탄생 _ 16

대폭발 • 18

지구 최초의 생명 • 25

인류의 조상과 뇌 _ 33

육지로 오른 물고기 • 33

진화에서 진화로 • 40

포유 파충류의 모성애 • 44

공룡과 포유 동물의 뇌 _ 49

1억 년 동안의 무법자 • 49

포유류의 조상 • 55

공룡의 멸종 • 61

뇌의 시각 기능 _ 69

포유류의 시각 기능 • 69

인간의 시각 기능 • 73

진화 _ 78
진화의 원인 • 78
다윈과 종의 기원 • 81
유인원에서 인간으로 _ 88
나무 위에서 살다 • 88
영장류의 뇌 발달 • 94
유인원에서 인간으로 • 105
인간의 뇌 _ 117
파충류의 뇌 • 117
포유류의 뇌 • 120
이중적 성격 • 126
전자뇌 _ 131
미래의 생명체 • 131
전자뇌의 탄생 • 134
컴퓨터의 구조 • 145
컴퓨터와 미래 _ 154
컴퓨터의 진화 • 154
컴퓨터와 인간 생활 • 161

생명의 탄생

지금 여러분은 이 책을 펼쳐 인간의 뇌와 컴퓨터에 관한 과학 지식을 읽고 있습니다.

그러면 이렇게 인간이 책을 읽어야겠다고 생각하고, 책을 펼치고, 그것을 읽어 뜻을 이해하는 활동은 인간의 신체 어느 부위에서 하게 되는 것일까요?

그렇습니다. 인간의 뇌에서 느끼고 생각하고 이해하며 행동을 지시하는 것입니다.

인간의 뇌가 지금과 같이 인간의 생각과 행동을 조절하는 능력을 갖추기까지는 약 1000년이 걸렸습니다. 두뇌의 이러한 능력으로 인간은 만물의 영장으로서 인류 문화를 발전시켜 온 것입니다.

대뇌
소뇌
숨골

그런데 인간들은 이러한 자신의 능력을 대신할 수 있는 인공의 뇌를 만들 수는 없을까 하고 생각하기 시작했습니다.

그리하여 마침내 인공 두뇌인 전자뇌 즉 컴퓨터를 만들어 내게 되었습니다. 전자 두뇌의 역사는 인간의 뇌에 비하면 너무나 보잘것없는 것입니다.

그럼에도 불구하고 전자 두뇌는 현재 세계 곳곳에서 인간의 기능 이상으로 많은 일들을 하고 있습니다.

이제부터 유기 화합물에서 출발한 인간의 진화와 그 과정에서의 뇌의 발달 그리고 새로운 인공 두뇌 즉 컴퓨터에 이르기까지를 살펴보도록 합시다.

대폭발

모든 사건이나 결과에는 원인이 있습니다. 이것은 자연의 법칙입니다. 그렇다면 우주의 발생이라는 커다란 사건의 원인은 무엇일까요? 우주는 처음에 어떻게 생겨나게 되었을까요 ?

우주는 지금으로부터 약 200억 년 전에 시작되었다고 과학자들은 말합니다. 200억 년이란 매우 긴 시간입니다. 태양과 지구가 생겨난 것은 약 45억 년 전이며, 이 지구상에 생명이 나타나기 시작한 것은 그로부터도 훨씬 후의 일입니다.

또한 인간이 지구상에 존재하기 시작한 것은 겨우 100만 년 정도에 불과합니다. 100만 년은 우주의 나이와 비교하면 1만 분의 1도 안 되는 기간이지요.

200억 년이라는 우주의 나이는 천문학자들이 별을 관측하여 알아냈습니다. 그리고 그들은 200억 년 전에 무슨 일이 일어났는지를 과학적으로 추측해 내기도 하였습니다.

그것은 1940년경 미국의 천문학자들에 의해서였는데, 그 당시 미국의 천문학자들은 별들의 거대한 집합체인 은하계를 관찰하는 과정에서 우주 전체가 굉장히 빠른 속도로 확산하고 있다는 놀라운 사실을 발견하게 되었습니다.

우주의 모든 은하계들이 우주 공간을 향하여 서로 멀리 떨어져 나가고 있으며 가장 바깥쪽에 위치한 은하들의 이동 속도는 상상하기도 힘든 속도, 즉 시속 수억 마일에 달하는 것이었습니다.

이 발견은 우주가 순간적으로 탄생하였다는 이론을 뒷받침해 주었습니다.

은하계들이 계속해서 우주 공간으로 넓게 퍼지고 있다면 다가올 미래에는 은하계 사이의 거리가 더욱 멀어질 것입니다. 이것을 바꾸어 생각해 보면, 먼 과거에는 지금보다 우주 전체가 더 가까이 붙어 있었다는 이야기가 됩니다. 따라서 우주의 은하계 전체가 원래는 한덩어리로 되어 있었을 것이라는 추측이 가능한 것이지요.

그 덩어리는 굉장한 압력과 온도에 의해 단단하게 뭉쳐 있었을 것입니다. 이 뜨겁고 거대한 덩어리는 자기 내부의 엄청난 압력에 못 이겨 우리가 도저히 상상도 할 수 없는 위력을 내뿜으며 폭발하지 않을 수 없었습니다. 이 대폭발이 바로 우주 탄생의 순간이었던 것입니다.

창조의 순간이 있은 직후의 우주는 엄청난 온도와 에너지로 가득 차 있었습니다. 그리고 폭발 당시의 힘에 못 이겨 밖으로 퍼져 나가게 되었고 그 운동은 지금까지도 계속되어지고 있는 것입니다.

우주는 서서히 식어 가기 시작했습니다. 우주의 나이가 100만 년 정도 되었을 때, 우주의 온도는 2000~3000°C 로 서서히 낮아졌습니다. 이 때 처음으로 핵과 전자들로 구성된 원자들이 생겨났습니다.

시간이 흐르면서 우주의 온도는 더욱 내려갔습니다.

우주의 나이가 약 10억 년 정도 되었을 때, 우주를 덮고 있던 수소와 헬륨 등의 가스층이 소용돌이치기 시작했습니다. 이 소용돌이로 인해 수많은 여러 원자들이 서로 엉기고 뭉쳐져 은하계를 이루게 되었습니다.

잘게 나누어진 덩어리들은 좀더 빠른 속도로 식어 갔습니다. 그리고 마침내 그것들은 지금의 별과 행성들이 되었습니다.

태양계의 행성
혜성(꼬리별)
수성
지구
혜왕성
금성
화성
목성
토성
천왕성
명왕성

행성이란 태양의 둘레를 공전하는 별들을 통틀어 이르는 말입니다. 이러한 행성과 별의 탄생은 아직까지도 계속되고 있는데 우리가 살고 있는 태양계도 이와 같은 방법으로 약 45억 년 전에 탄생되었습니다.

밤하늘에 빛나는 별들을 보면 나이가 많은 별인지, 아니면 최근에 새로 생겨난 별인지를 알 수가 있습니다.

나무에게 나이테가 있듯이 별에도 나이에 따라 밖으로 드러나는 특색이 있기 때문입니다. 그 특색은 별빛의 밝기나 색깔 등인데, 모든 별들은 각기 다른 색깔을 가지고 있습니다.

지금도 먼 우주 공간에서는 많은 별과 행성들이 만들어지고 있지만 우리가 볼 수 있는 것은 항성들뿐입니다.

항성이란 제 위치를 거의 바꾸지 않고 자체의 에너지로 빛을 내뿜는 별로서 여러 별자리들과 태양, 북극성 등이 이에 속합니다.

태양계에 속하는 행성들 외의 별들은 아무리 최신 망원경을 가지고 보더라도 우리의 눈으로 직접 볼 수가 없습니다.

태양계에는 지구를 포함하여 9개의 행성, 달과 같은 40여 개의 위성, 그리고 수를 헤아릴 수 없을 만큼 많은 혜성과 소행성들이 있습니다.

위성은 행성들의 둘레를 도는 작은 별입니다. 즉, 태양의 둘레를 공전하는 행성들의 둘레를 도는 별인 것이지요.

혜성은 꼬리별이라고도 부르는데 긴 빛꼬리를 끌며 운동하기 때문에 붙여진 이름입니다.

이렇듯 모든 별들은 하나같이 태양의 주위를 맴돌던 가스와 먼지, 돌덩어리 같은 물질들이 신비스러운 에너지의 작용으로 서로 엉기고 뭉쳐서 생겨난 것들입니다.

그런 별들 가운데 하나가 지구입니다.

탄생 초기의 지구는 여러 가지 먼지와 가스, 그리고 원소들이 뜨거운 열에 의해 곤죽처럼 뭉쳐 있는 상태였습니다.

이 물렁하고 엉성한 덩어리는 시간이 흐르면서 점점 밀도가 높아져 단단해졌으며 중력도 커졌습니다. 또한 이러한 운동으로 수증기, 메탄, 암모니아 등의 기체가 분출되었으며, 이것들이 대기를 형성하였습니다.

이 혼합 가스는 오늘날의 대기보다 훨씬 많은 태양 광선을 흡수하고 있었기 때문에 원시의 하늘은 아마 눈부신 청록색이었을 것입니다. 게다가 태양에서 내비추는 자외선이 가스 분자에 부딪혀 생긴 빨강 · 노랑 · 주황 · 초록 등의 섬광이 끊이지 않고 번쩍이고 있었을 것이라고 여겨집니다.

이 때의 지구 표면은 너무나 뜨거워서 물은 액체 상태로 있을 수가 없었습니다. 물이 기체가 되어 하늘로 올라가면 이 수

증기들은 어느 정도까지는 뭉쳐 있다가 비가 되어 쏟아져 내렸습니다.

이러한 현상은 오랜 시간 계속 반복되면서 식어 가고 있는 지구를 더 식히는 역할을 하였습니다.

이러한 반복의 과정 속에서 바다와 육지가 구분되어지고 지구는 서서히 모습을 갖추어 갔습니다.

지구 최초의 생명

지구가 가스와 먼지, 돌로 뭉쳐진 뜨거운 덩어리였다면 어떻게 거기서 생명이 태어날 수 있었을까요?

우주가 어느 한순간의 대폭발로 이루어졌듯이 과연 지구의 생명체도 한순간의 어떤 작용에 의해 갑자기 생겨나게 된 것일까요?

지구에 최초로 생명체가 나타난 것은 지금으로부터 약 40억 년 전의 일입니다. 이 생명의 탄생에 대한 궁금증은 오랜 세월 동안 여러 가지 설을 만들어 냈습니다.

그 여러 학설은 '창조론'에서 '자연 발생설', '생물 속생설' 그리고 지금의 '화학 진화설'로 이어졌습니다.

'창조론' 은 성경의 창세기에 기록되어 있는 내용으로 창조주에 의해 우주와 인간의 탄생이 이루어졌다는 설입니다.

창세기에는 하느님이 단 6일 동안에 모든 우주를 만들어 내고 진흙으로 인간을 빚어 생명을 불어넣었다고 적혀 있습니다. 이 학설은 성직자들에 의해서 일반 사람들에게 전해졌습니다. 달리 생각할 방법이 없었던 사람들은 그 이론을 약 200년 전까지도 믿어 왔습니다.

초기의 창조론과 자연 발생설은 서로 묘하게 얽혀 있었습니다.

이오니아의 철학자들에 의해 처음으로 주장된 '자연 발생설' 은 뒤에 그리스 철학자 아리스토텔레스에 의해서 구체화되었습니다. 그는 생명은 동물로 인해 태어나기도 하지만, 썩은 흙에서도 생겨나며 또한 공기나 물, 불 등의 원소에서도 발생한다고 주장했습니다. 유명한 철학자가 지금은 어린아이도 믿지 않을 말을 했다니 이상하지요? 하지만 그 당시에는 우주와 생명의 탄생에 대한 과학적인 근거가 아무것도 없었습니다.

아리스토텔레스의 이론은 많은 사람들에게 그대로 받아들여졌습니다. 따라서 사람들은 아침 이슬로부터 개똥벌레가 생겨나고, 축축한 흙에서 생쥐가 태어나며, 새나 양이 열리는 나무가 있다고 믿었습니다. 그러나 이 자연 발생설은 많은 도전을

받았습니다.

최초로 자연 발생설에 도전한 사람은 이탈리아의 의사 레디였습니다.

그는 두 개의 통에 각각 작은 고깃덩어리를 넣은 후, 한 통에는 뚜껑을 덮고 다른 한 통에는 뚜껑을 덮지 않은 채 열어 두었습니다.

여러 날 동안 그 통을 관찰하자, 양쪽 통 모두 고기는 썩었으나 벌레가 생긴 통은 뚜껑을 덮지 않아 파리가 드나들었던 통뿐이었습니다. 이것으로 그 동안 썩은 것에서 생명이 자연히 발생한다는 자연 발생설의 주장은 일부가 무너지게 되었습니다.

생물은 생물에서만 발생한다는 '생물 속생설'이 등장하게 된 것입니다.

1860년경 생물 속생설은 보다 구체적으로 입증되었습니다. 그것은 프랑스의 과학자 파스퇴르에 의해서였습니다.

파스퇴르는 특수한 플라스크를 만들어 여러 가지 실험을 해 보았습니다.

그 결과 공기 속에 미생물이 있음을 증명해 내었고, 끓인 용액이 미생물에 오염되는 것만 막는다면 용액을 공기 중에 내놓아도 그 용액에 생물이 발생하지 않는다는 사실도 밝혀 냈습니다.

파스퇴르는 둥근 플라스크의 목 부분을 불에 달구어 가늘고 긴 S자 모양으로 구부려 놓았습니다. 늘여 놓은 그 S자 모양의 플라스크 목을 통해서 공기는 드나들 수 있으나 미생물은 드나들 수가 없습니다. 그는 이 플라스크에 끓인 용액을 넣고 공기 중에 놓아두었습니다. 그러나 미생물은 생기지 않았습니다.

파스퇴르가 이 실험에 사용한 플라스크는 130여 년이 지난 지금까지도 미생물이 발생하지 않은 채 연구소에 보관되어 있다고 합니다.

파스퇴르의 실험 이후, 생물 속생설이 널리 인정을 받게 되었지만 동시에 새로운 문제에 부딪치게 되었습니다. 즉 생물은 생물에서만 태어난다면 최초의 생물은 어떻게 지구에 태어났는가 하는 문제입니다.

이러한 문제에 대해 어느 정도 시원스러운 해답이 나온 것은 최근의 일입니다.

1920년대에 소련의 오파린과 영국의 홀데인 같은 과학자들이 '화학 진화설'이라는 새로운 생명 탄생설을 주장했습니다. 이 설은 지구에서 단 한 번 자연 발생이 일어남으로써, 물질로부터 화학 반응을 통해 가장 원시적인 생명체가 탄생했다는 것입니다. 그리고 그 생명체가 오랜 세월 진화하여 지금에 이르렀다는 주장입니다.

1952년경에 미국의 화학자 밀러는 처음 지구가 생겼을 때의 상황과 비슷한 상황을 만들어 이 화학 진화설을 밝히고자 하였습니다.

그는 유리관으로 연결된 동그란 플라스크와 물 · 전기 등을 이용했습니다. 먼저 플라스크에 물을 넣고 끓여서 원시의 바

다를 모방했습니다.

거기에 암모니아, 수소, 메탄 등의 혼합 가스를 집어넣고 순환시킨 뒤, 그 장치 속에 6만 볼트 정도의 전기를 통하게 하여 원시의 대기처럼 만들었습니다.

그리고 유리관의 한쪽에 냉각기를 설치하여 플라스크 속의 바다, 즉 끓은 물에서 올라오는 수증기를 물방울로 바꾸었습니다. 즉 원시의 비의 역할을 하는 것입니다.

이렇게 원시의 지구와 거의 비슷한 상태에서 순환하던 혼합 가스는 새로운 액체를 한 방울씩 만들어 냈습니다.

며칠 후 밀러는 이 혼합 액체를 분석하였는데, 그는 놀라운 사실을 발견하였습니다.

그 액체 속에 생물을 구성하는 기본적인 성분이 들어 있었던 것입니다. 따라서 생물이 진화하기 이전의 기본적인 생명체는 이와 같은 자연의 발생 단계에서 우연히 생겼다고 볼 수 있게 되었습니다.

그렇다면 그 물질들은 또 어떻게 해서 완전한 생명체의 모습을 갖추게 되었을까요?

그 무렵 지구는, 바다가 지구 표면의 거의 전부를 덮은 행성이었을 가능성이 높습니다. 대기 속에 형성된 여러 화합 물질들은 비에 씻겨 내려가서 바닷속에 쌓이게 되었고, 그것들은 서로 엉기고 뭉쳐서 점점 큰 물질로 만들어졌습니다.

이 물질들을 원시의 대기와 바다에서 에너지를 얻어, 매우 간단한 단세포의 교습에서 출발하여 드디어 원시 생물의 모습을 갖추게 되었습니다.

인류의 조상과 뇌

육지로 오른 물고기

어류나 포유류, 파충류 가운데 지구상에 최초로 등장한 종이 어느 것이냐고 물으면, 여러분 중에는 아마도 포유류라고 대답하는 사람이 있을 것입니다.

그러나 지구상에 최초로 등장한 것은 갑각류와 어류입니다. 그렇다면 인간의 먼 조상은 물고기인 셈이지요.

단세포가 변하여 다세포 생물로 등장하게 되기까지는 헤아릴 수 없이 많은 시간이 걸렸습니다. 그로부터 다시 약 4억 년 동안은 다세포 생물들만이 광활한 원시의 바다를 누볐습니다.

그 때가 지금으로부터 약 6억 년 전인데, 그 때의 다세포 생물들 가운데 몇몇은 갑각류로 진화하였습니다.

이 초기의 갑각류가 지금의 조개나 불가사리, 가재, 곤충 등의 조상입니다.

갑각류의 출현 이후부터 진화의 발걸음은 빨라지기 시작했습니다. 갑각류 출현 이후 약 1억 년이라는 비교적 짧은 기간 동안에 등뼈와 같은 내부 골격을 가진 척추 동물이 탄생하였습니다.

인간도 척추 동물인데, 척추는 수십 개의 마디가 띠처럼 연결되어 있어서 자유롭게 굽히거나 펼 수 있습니다. 또한 동작을 자유롭게 해 주며, 그 척추에 붙어 있는 근육 덕분에 힘을 잘 쓸 수도 있습니다.

이 척추 동물이 다시 수천만 년을 지나오면서 한 차원 높은 단계의 동물인 물고기로 진화했습니다.

이 물고기들은 초기의 갑각류와 크게 구분되는 특징을 가지고 있었습니다. 그것은 바로 뇌를 가지고 있다는 점입니다.

초기 갑각류들은 두꺼운 겉껍질로 자신을 보호할 수 있을 만큼 발달된 생물이기는 하였지만, 원시 상태의 다세포 생물과 마찬가지로 뇌가 없었습니다. 초기 물고기는 비록 아주 작은 크기의 뇌를 가지고 있었지만 이 지 구상에서 최초로 뇌를 가진 동물이었습니다.

4억 5000만 년 전 이 물고기들이 지구상에 출현하였을 당

출현 초기의 물고기들

시만 해도 모든 생물은 물 속에서만 살았습니다.

육지는 텅 비어 있었습니다. 생명체들이 육지를 정복하기 시작한 것은 이 때부터였습니다.

최초로 땅을 밟은 것은 식물이었습니다. 식물들은 바람에 의해서, 또한 물이 빠져나간 지역의 습한 땅에서 기른 스스로의 생명력으로 육지로 나아갔습니다. 육지에 식물들이 뿌리를 내리자 이어서 곤충들도 등장하게 되었습니다. 그러니까 곤충

은 육지를 침입한 동물인 셈입니다.

곤충들이 육지를 점령한 이후 약 5000만 년간 곤충 왕국을 이루고 있을 때였습니다. 갑자기 가뭄이 들기 시작했습니다.

이 가뭄은 너무도 오랜 기간 계속되었기 때문에 바닷물의 양이 점차 줄어 수면이 낮아졌습니다. 그러자 물고기들 중에서 '크로솝테리지안'이라는 용감한 물고기들은 자신들의 지느러미를 이용해 육지로 기어올랐습니다.

이것은 지금으로부터 3억 5000만 년 전의 일입니다.

사실 물고기가 가장 살기 좋은 곳은 물 속입니다. 그래서 대부분의 물고기들은 바다를 떠나지 않고 그대로 바다에 남아 있었습니다.

그런데 이 크로솝테리지안 물고기들은 아가미 외에 허파까지 갖추고 있어서 물 밖에서도 숨을 쉴 수가 있었습니다. 또한 지느러미 근육이 매우 발달되어 있었기 때문에 육지로 기어오르는 것이 가능했습니다.

그 당시에는 아가미와 허파를 동시에 지닌 물고기들이 많았지만, 크로솝테리지안처럼 강하고 발달된 지느러미를 가진 물고기들은 흔치 않았습니다. 이 지느러미 뼈들이 뒤에 인간의 팔과 손으로 진화하였다고 과학자들은 주장하고 있습니다.

이렇듯 지느러미와 허파라는 두 가지의 큰 장점을 가지고 있던 크로솝테리지안은 강기슭이나 냇가에 자리를 잡고 육지에서 생활해 나갔습니다. 육지의 새로운 자연 환경에 적응해 감에 따라 그들의 모습도 변해 갔습니다.

피부는 몸 속의 수분을 보호하기 위해 단단한 막으로 덮이게 되었으며, 지느러미의 근육과 뼈들은 오랜 세월의 흐름 속에서 다리로 바뀌게 되었습니다.

크로솝테리지안의 뇌는 바닷속에 그대로 머문 다른 물고기들의 뇌에 비하면 상당히 발달된 것이었습니다.

다른 물고기들의 뇌는 외부에서 자극이 있을 때에만 순간순간 반응을 할 뿐, 앞뒤의 행동이 전혀 연결되지 않습니다. 그에 비하면 크로솝테리지안의 뇌는 신경 세포의 수가 많았으며 앞뒤 행동의 연결도 어느 정도 자연스러웠습니다.

그러나 이것도 어디까지나 자동적이고 본능적인 반응으로서, 그 움직임에는 한계가 정해져 있었습니다. 즉, 지능이 없었던 것입니다. 그 때까지 지구상에는 생각할 줄 아는 지능적인 생물이 등장하지 않았습니다.

진화에서 진화로

생물의 진화 속도는 매우 느립니다. 따라서 우리는 우리가 태어나서 자라는 동안에 어떤 생물이 어떻게 진화하는지를 도저히 알아챌 수가 없습니다.

물에서 살던 물고기가 육지에서도 살고 물에서도 생활할 수 있는 '수륙 양서'의 동물이 되기까지는 참으로 오랜 시간이 걸렸습니다.

그 동물을 '양서류'라고 부르는데, 지금의 개구리나 두꺼비의 조상입니다. 이 초기의 양서류는 크로솝테리지안이 단단한 껍질의 알을 낳는 것과는 달리 아직도 물고기와 비슷한 알을 낳습니다. 피부도 물고기에 가까웠습니다.

다시 오랜 세월이 흘렀습니다. 양서류가 양서류를 낳고, 그 양서류가 자라서 다시 양서류를 낳고 늙어 죽는 식의 세대 교체가 약 5000만 번쯤 진행되었을 때, 몇몇 양서류에서 진화된 전혀 새로운 형태의 동물이 출현하였습니다.

이 새로운 동물은 수중 생활의 흔적을 완전히 벗어 버렸는데, 그 동물들은 다름아닌 파충류였습니다.

파충류가 지구상에 처음 출현한 것은 약 3억 년 전입니다. 이 파충류도 곤충의 경우처럼 처음에는 해로운 적이 없었으므로 오랜 동안 지구의 정복자로 행세하였습니다.

그 오랜 세월 동안에 걸쳐 초기의 파충류는 도마뱀, 거북, 악어, 뱀, 공룡, 새 등 여러 종류의 동물로 서서히 진화되어 갔습니다.

더러는 젖먹이 동물인 포유류로 진화되기도 하였습니다. 이렇게 파충류에서 포유류로 진화되는 과정에 있는 중간 단계의 동물을 '포유류형 파충류' 또는 '포유 파충류' 라고 부릅니다.

이 당시에는 파충류나 포유류형 파충류의 뇌의 발달 정도에는 별다른 차이가 없었습니다. 그러다가 여러 가지 환경적 요인에 의해서 포유류형 파충류는 매우 사납고 생존 경쟁력이 강한 동물이 되어 약 5000만 년 동안 동물계의 왕좌를 지키게 됩니다.

앞에 등장한 여러 동물들에 대한 지식과 마찬가지로 이 포유 파충류에 대한 것들도 '화석' 을 통해 알 수 있습니다.

화석이란 동식물의 뼈나 형태가 암석 속에 남아 있는 것을 말하는데, 포유 파충류가 동물들의 왕으로 지낼 수 있었던 이유도 이 화석에 잘 나타나 있습니다.

본래 악어나 도마뱀 같은 파충류의 네 다리는 몸통 밑에 붙어 있던 것이 아니고, 몸통 옆에 붙어 있었기 때문에 몸을 떠받치는 힘이 약했습니다. 따라서 파충류는 배를 땅에 대고서

배 옆으로 빠져나온 다리로 엉거주춤 기어다닐 수밖에 없었습니다.

이에 반하여 포유 파충류는, 다리가 몸통 밑에 붙어 있어 몸을 가뿐하게 떠받쳤으므로 윗몸통은 자유롭게 움직일 수가 있었습니다.

이 두 동물이 달리기 내기를 한다면 과연 누가 이길까요? 당연히 포유 파충류이지요. 포유 파충류는 빠른 걸음으로 달릴

수 있으므로 네 발로 기어다니는 파충류를 그들은 쉽게 따라 잡을 수 있기 때문입니다.

본래 파충류는 먹이를 찾을 때나 적을 피해야 하는 위급한 경우가 아니면 하루 종일 배를 땅에 대고 꼼짝 하지 않습니다.

파충류는 체온 조절 기능이 없이, 바깥 공기의 온도 변화에 따라 체온이 변하는 냉혈 동물이어서 끊임없이 몸을 움직일 만한 에너지가 부족합니다. 그러므로 에너지를 절약하지 않으면 안 되었던 것입니다. 그러나 포유류형 파충류는 하루 종일 먹이를 찾아 움직였으므로 에너지도 많이 필요했습니다.

생각해 보세요. 배를 땅에 대고 가만히 있는 것과 네 발로 몸을 받치고 서서 걸어다니는 것 중 어느 것이 더 힘이 들까요? 서 있는 자세가 되기 위해서는 몸통과 다리의 근육이 항상 긴장되어 있어야 하므로 같은 냉혈 동물이라 해도 포유 파충류가 훨씬 더 힘이 들었습니다.

그러나 먹어야만 힘을 낼 수 있었으므로 포유 파충류의 움직임은 계속되었습니다. 그러다 보니 기이한 변화가 일어났습니다. 냉혈이던 포유 파충류의 피가 온혈로 변하게 된 것입니다. 어떻게 이런 일이 일어났을까요? 포유 파충류는 항상 몸을 움직였고, 또한 가만히 서 있는 자세에서도 열량의 소비가 필요하였습니다. 그래서 자연히 체온이 올라가지 않을 수 없었습니다.

이것이 오랜 세월 반복되자 몸의 내부 구조가 냉혈 상태에서 온혈 상태로 옮겨갔던 것입니다. 이렇게 해서 냉혈 동물인 파충류가 온혈 동물인 포유류로 진화하게 되었습니다.

포유 파충류의 모성애

온혈 동물이 냉혈 동물보다 생존 경쟁상 유리하다는 것은 명백한 사실입니다.

밤이 되어 기온이 내려가면 냉혈 동물인 파충류는 체온이 내려가서 움직일 힘이 없으므로 꼼짝없이 엎드려 있거나 잠을 자야만 했습니다.

그러나 온혈 동물로의 진화 과정에 있던 포유 파충류는 몸에 저장된 열량의 힘으로 낮은 기온의 밤에도 활동이 가능했습니다. 따라서 힘없이 엎드려 있는 파충류들은 밤마다 포유 파충류의 먹이가 될 수밖에 없었습니다.

포유 파충류는 또한 포유류의 특성인 모성애를 어느 정도 지니고 있었습니다.

최근까지 남아 있는 화석 자료에 의하면 포유류형 파충류의

새끼가 어미의 옆에 나란히 누워 있는 뼈의 형태를 볼 수 있습니다.

어머니가 자식을 보호하는 본능인 이 모성애는 지능이 낮은 상태의 파충류에서는 결코 찾아볼 수 없는 새롭고 놀라운 행동입니다.

대부분의 파충류는 알을 낳으면 어미로서의 의무는 그것으로 끝나며, 어미는 알을 버려 둔 채 자기 갈 곳으로 떠나 버립니다. 그러면 새끼는 스스로 알을 깨고 나와 혼자서 살아가는 방법을 배웁니다.

악어를 제외한 뱀이나 거북, 도마뱀 등의 파충류들은 자기가 낳은 새끼를 만나게 되면 잡아먹는 경우까지 있습니다.

이러한 파충류와는 달리 포유류가 자손 보호 본능을 가지고 있다는 점은, 포유류가 낳는 새끼의 수가 다른 생물에 비해 훨씬 적다는 사실과 관계가 있는 것 같습니다.

파충류는 한꺼번에 수십 개의 알을 낳지만 포유류는 한번에 새끼를 몇 마리밖에 낳지 않습니다. 게다가 갓 태어난 젖먹이 새끼는 어미의 따뜻한 체온으로 감싸주지 않으면 추위에 금방 얼어죽게 됩니다.

따라서 포유 동물은 갓난 새끼를 따뜻하게 감싸주고 보호해 주어야만 자신들의 종족을 번식시킬 수가 있습니다.

이렇듯 포유류의 새끼는 스스로의 힘으로 살아가게 될 수 있을 때까지 어미의 정성스런 보호를 받았고, 이러한 기억에 의한 보호 본능은 자기가 자라서 낳은 새끼에게도 계속 이어졌습니다.

화석 외에도 포유류형 파충류에게 자손 보호 본능이 있었다는 것을 알려주는 살아 있는 증거물이 또 있습니다.

호주에는 오리너구리라는 이름의 동물이 살고 있는데, 이 동물은 신체 구조의 반은 포유류이고 반은 파충류인 신기한 동물입니다.

주둥이가 오리 주둥이처럼 생긴 이 오리너구리는 약 2억 년 전 포유류에로의 진화 과정 중에 있었던 동물로서, 그 당시 형태 그대로를 보존하며 현재까지 살아 내려온 포유 파충류의 유일한 후손입니다.

오리너구리는 파충류처럼 걷고, 파충류처럼 알을 낳지만 포유류와 같은 털가죽을 가지고 있으며 또한 온혈 동물입니다. 그리고 포유류와 마찬가지로 새끼를 보호하고 정성껏 기릅니다.

초기 포유 파충류에서부터 시작된 이 모성애라는 뜨거운 피는 아직도 모든 포유류의 혈관 속을 흐르고 있습니다.

공룡과 포유 동물의 뇌

1억 년 동안의 무법자

수천만 년 동안 지구의 정복자로 군림하였던 포유 파충류의 종류는 매우 다양하였습니다. 다람쥐처럼 조그만 것에서부터 소만큼 큰 것까지 있었으며, 식물만을 먹고사는 초식성도 있었고 동물의 고기만 먹는 육식성도 있었습니다.

그런데 포유류형 파충류가 한창 전성기를 맞이하였을 즈음 새로운 형태의 동물이 지구상에 나타났습니다. 이 동물은 포유 파충류와 마찬가지로 배로 기어다녔던 파충류의 후손이었지만, 그 진화한 형태가 포유 파충류와는 전혀 달랐습니다.

이 특이한 종류의 동물이 바로 공룡입니다.

공룡은 2억 2500만 년 전에 이 지구상에 나타났습니다. 공

트라이아스기(초기)의 공룡
플로테오 사우루스
팔레오 사우루스
테그돈트
디메트로돈
어룡

룡은 포유류형 파충류와 마찬가지로 다리가 몸체를 아래에서 떠받치고 있어서 상체를 자유롭게 움직일 수 있었습니다.

그 뿐만 아니라 두 개의 뒷발로 설 수도 있었기 때문에 네 발로 서야만 하는 포유 파충류를 포함한 다른 동물에 비하여 생존 경쟁상 매우 유리하였습니다.

공룡도 처음에는 다른 파충류와 마찬가지로 네 발로 걸었으나 서서히 두 발로 설 수 있는 형태로 발전하였습니다.

공룡이 새나 인간처럼 두 발로 걷거나 뛸 수 있게 되자 동작이 빨라졌으며, 앞발로는 먹이를 낚아채거나 적을 물리칠 수도 있게 되었습니다.

여러분 중에서도 공룡을 어마어마하게 큰 동물로만 생각하는 사람이 있을 것입니다. 그러나 초기의 공룡은 덩치가 매우 작았습니다. 도마뱀 같은 긴 꼬리에다 큰 주둥이가 앞으로 튀어나왔으며 뒷발이 앞발에 비해 좀 길었습니다.

이렇게 작은 덩치의 공룡들이 앞발을 자유롭게 사용할 수 있게 되어 동물계의 왕위를 차지하게 되자 공룡은 덩치가 더욱 커지게 되었습니다.

몸집이 커지면 그 만큼 적의 공격으로부터 자신을 안전하게 지킬 수가 있습니다. 따라서 몸집이 큰 공룡만이 살아 남게 되었으며, 그들은 계속 몸집이 더 큰 공룡을 낳게 되었습니다.

이와 같은 경로로 나중에는 대부분의 공룡들이 커다란 몸집을 갖게 되었습니다.

공룡이 지구상의 생물 중에서 가장 덩치가 큰 동물로 번성할 수 있었던 이유는, 그 외에도 그럴 수 있는 특별한 자연 조건이 있었습니다.

공룡이 이 지구상에 출현하였을 때 지구 전체는 따뜻한 기온이 계속되고 있어서 먹이가 매우 풍부하였습니다. 더욱이 이 훌륭한 자연 조건은 오랫동안 계속되었으므로 공룡의 무리는 거의 1억 년 이상이나 되는 긴 세월을 모든 동물의 지배자로서 살아갈 수 있었습니다.

공룡 중에서 초식 공룡의 덩치가 더 컸을까요, 육식 공룡의 덩치가 더 컸을까요?

언뜻 생각하기엔 초식 공룡은 연약한 식물만 먹고 살았기에 덩치가 더 작았을 것 같습니다. 그러나 초식 공룡이 훨씬 더 큰 몸집을 가지고 있었습니다.

하지만 어처구니없게도 이 초식 공룡들은 몸의 무게가 너무 무거워 두 발로 서서 다니지 못하고 다시 네 발로 엎드려 다니게 되었습니다.

초식 공룡이 육식 공룡에 비해 지구상에서 더 먼저 사라지게 된 이유가 거기에 있습니다. 네 발로 걷는 초식 동물은 두

발로 서서 활동하는 육식 동물보다 행동하는 폭이 좁을 수밖에 없었으며 자연히 뇌의 지능적인 기능도 활발하지 못했던 것입니다.

초식 공룡 가운데서도 가장 몸집이 큰 것은 '슈퍼사우루스'인데, 이 공룡의 몸무게는 100톤이 넘었습니다. 이것은 지금까지 육지에서 생존하고 있는 동물 가운데서 가장 큰 동물입니다. 지금의 육지 포유 동물 중에서 가장 몸집이 큰 코끼리를

수십 마리 합친 것과 같은 크기인 셈입니다.

육식을 하는 공룡들도 몸집이 상당히 컸습니다. 그 중에서도 '티라노사우르스'라는 공룡은 높이가 8미터, 다리의 둘레가 4미터나 되었으며 턱의 길이도 1미터가 넘었습니다.

그리고 그 1미터가 넘는 턱 속에 60개나 되는 날카로운 톱니 이빨이 숨겨져 있었습니다.

어떤 동물이 이 어마어마한 괴물을 상대할 수 있었겠어요? 공룡은 지구상에 존재한 모든 생물 중에서 가장 무서웠던 생물이었습니다.

공룡이 등장하기 이전까지 지구를 주름잡았던 포유 파충류는 그만 공룡의 횡포에 밀려 멸종의 위기에 처할 수밖에 없었습니다. 포유 파충류 중에서도 몸집이 큰 것들은 공룡의 눈에 띄어 대부분 멸종되었고, 살아 남은 것은 모두 몸집이 작은 것들뿐이었습니다.

이 포유 파충류들은 오래 살아 남기 위해서 더 몸집을 작게 작게 줄여야만 했습니다. 그래서 한때는 곰이나 늑대의 크기만 했던 포유 파충류의 후손들은 점점 몸집이 작아져서 거의 쥐 정도의 크기가 되고 말았습니다.

지금으로부터 1억 8000만 년 전에 포유류형 파충류로서 마지막까지 살아 남은 종류는 쥐의 크기밖에 안 되는 작은 동물이었습니다.

그러나 이 쥐같이 생긴 작은 동물은 더 이상 포유류형 파충류가 아니었습니다. 이것은 곧 최초의 포유 동물로 진화하였습니다.

포유류의 조상

쥐처럼 생긴 최초의 포유 동물은 약 2억 년경에 그 작은 모습을 드러냈습니다. 그 포유 동물은 '모르가누코돈' 또는 '아침이빨' 이라고 부릅니다.

이 동물은 동작이 빠르고 피부가 털가죽으로 덮여 있었으며 새끼를 낳아서 길렀습니다. 그리고 온혈 동물이었습니다.

눈은 매우 작았고 코가 앞으로 길쭉하게 뻗어나와 있었는데 이것은 시각보다 후각이 더 발달해 있었음을 의미합니다. 또 청각도 매우 발달해 있었습니다.

이 모든 것들은 화석으로 남아 있는 이빨과 뼛조각들의 형태를 보아 알아 낼 수 있었습니다.

이렇듯 눈이 작고, 예민한 코와 귀를 가지고 있었다면 이것은 모르가누코돈의 어떤 특성을 의미하는 것일까요?

모르가누코돈은 야행성이었습니다. 이 초기 포유류가 공룡의 오랜 횡포에도 불구하고 살아 남을 수 있었던 가장 큰 이유는 그들이 야행성이었기 때문입니다.

낮에는 공룡을 피해 숨어 지내다가 밤이 되어 사방이 어두워지면 들로 나가 먹이를 사냥했던 것이지요.

또 하나, 초기 포유류에게는 공룡보다 월등히 우수한 어떤 다른점이 있었습니다. 무엇일까요? 그것은 바로 뇌의 차이입니다.

모르가누코돈은 몸집에 비하여 상당히 큰 뇌를 가지고 있었습니다. 몸무게에 비례한 뇌의 크기를 따진다면 모르가누코돈의 뇌는 앞에서 말했던 거대한 육식 공룡 티라노사우루스의 뇌보다 5배나 컸습니다.

또 이 육식 공룡의 먹이가 되었던 여러 초식 공룡들의 뇌보다는 무려 20배나 큰 크기였습니다.

이 쥐 같은 모양의 작은 동물은 이 때까지 지구상에 나타난 어떤 생물보다도 지능적인 존재였습니다.

물론 뇌의 실제 크기로 따진다면 포유 동물의 뇌는 공룡의 뇌보다 훨씬 작습니다. 그러나 뇌의 크기 자체가 중요한 것이 아니라 몸무게에 대한 뇌 무게의 비율이 중요한 것입니다.

몸무게에 대한 뇌 무게의 비율은 동물의 지능 정도를 정확

하게 알려 주는 역할을 합니다.

공룡의 뇌는 외부의 자극에 대한 반사적인 기능만을 할 수 있었을 뿐입니다. 기억을 하거나 생각하고 분석하는 지능적인 활동은 할 수가 없었습니다.

그러나 포유 동물의 뇌는 외부 자극에 대한 반사 작용은 물론 기억과 생각까지도 할 수가 있었습니다.

그런데 이렇듯 포유류가 파충류에 비해 뇌 무게 비율이 크게 된 이유는 무엇일까요?

포유류나 공룡이나 모두 같은 파충류의 조상에서 생겨나와 같은 시대에 살았는데 서로 뇌 무게의 비율이 다르게 된 이유는 도대체 무엇일까요?

이것도 역시 초기 포유류가 야행성이었다는 데에 그 원인이 있습니다.

깜깜한 밤에는 시각보다는 냄새와 소리에 의지하여 먹이를 찾아 헤매야 합니다. 그러나 어떤 물체의 냄새를 맡을 수 있다고 해서 그 물체의 형태까지 알 수는 없습니다. 단지 그러한 냄새를 풍기는 어떤 물체가 이 곳을 지나갔다는 사실만을 알 수 있을 뿐입니다.

찾고 있던 먹이의 특이한 냄새가 희미하게 난다면 그 먹이가 얼마 전에 이 곳에 있었다는 것을 알 수 있습니다. 또 만약 포유 동물의 가장 큰 적인 공룡의 냄새가 맡아진다면, 그것은 근처에 공룡이 잠들어 있다는 것을 의미하므로 얼른 그 자리를 피해야 할 것입니다.

이외에도 암컷이 풍기는 냄새를 맡는다면 그 냄새의 방향을 쫓아 암컷을 찾아 나설 것입니다.

이와 같이 냄새로 먹이를 찾고 짝을 구하며 살아가는 동물에게는 기억력과 사고력 그리고 여러 가지 경험에 의한 지식이 필요했습니다.

냄새에 의한 행동은 눈으로 보자마자 행동하는 단순하고 즉각적인 행동이 아니라, 추측과 계획이 따르는 '생각하는' 행동이기 때문입니다.

예를 들어 시각으로 대상을 파악한다면, 어떤 숲 속의 한 장면을 보게 되었을 때 일순간에 그 장면의 모든 것을 자세하게 알게 됩니다.

햇빛이 비치는 곳과 그늘이 진 곳, 큰 나무들이 어우러진 모습, 흩어진 낙엽, 날쌔게 뛰어가는 작은 먹이 동물 등등, 그것들은 한눈에 한 장의 선명한 사진처럼 들어옵니다. 있는 그대로를 즉시 알게 되는 것이지요.

그러나 후각으로 대상을 파악하기란 어떻습니까? 숲에는 여러 가지의 무생물과 수많은 생물들이 뒤섞여 있습니다. 그것

들의 냄새는 한데 섞여 공기 중에 떠돌아다닙니다.

그 중에서 어떤 것은 언젠가 와 본 적이 있는 숲의 냄새입니다. 그러면 작은 포유 동물은 재빨리 뇌를 활동시켜야 합니다. 이 숲이 언젠가 와 본 적이 있는 그 숲이라면 어디에 늪이 있고 어디에는 맛있는 풍뎅이들이 사는 썩은 나무들이 있으며 또 어디쯤에는 무시무시한 공룡의 동굴이 있다는 것을 재빨리 기억해 내야 하는 것입니다.

과거에 맡았던 냄새를 다시 맡게 되었을 때 그 때의 장면이 순간적으로 기억 속에서 다시 되살아나야 하는 것입니다.

따라서 냄새에 의지해 살아가는 동물들은 그 동안 살아온 생의 경험을 기억의 창고에 계속 쌓아 두어야만 합니다. 그러자니 그만큼 큰 뇌를 가져야만 하였습니다.

포유 동물의 뇌가 공룡의 뇌보다 발달하게 된 비밀이 바로 거기에 있었습니다.

공룡의 멸종

공룡이란 동물에 대해서는 아직도 많은 이야기들이 전설처럼 전해 오고 있습니다. 그들은 오랜 동안 지구를 지배하던 무시무시한 괴물이었으면서도 생각하는 것은 어린아이처럼 단순하였습니다.

공룡은 낮에만 활동하였기 때문에 시각만이 가장 중요한 감각이었습니다. 공룡의 눈에 들어온 숲의 장면은 즉시 뇌로 전달되었습니다.

우거진 숲의 나무 근처에 작은 동물이 풀을 뜯고 있습니다.

뇌에 전달된 장면은 더 이상 생각할 필요도 없이 곧 바로 반응을 일으킵니다. 뇌는 '작은 물체가 눈앞에 보이면 즉시 먹어치워라' 하고 명령합니다.

야행성이었던 포유 동물처럼 생각하고 추리하고 기억해 놓을 필요가 없었습니다.

이처럼 오랜 세월 동안 계속되어 온 '진화'는 언제나 적극적으로 사용한 부분만이 주로 발달해 왔습니다. 따라서 공룡의 뇌는 1억 4000만 년의 긴 세월 동안 거의 아무런 변함이 없었습니다.

공룡의 뇌와 공룡만큼 큰 포유 동물인 고래의 뇌를 비교해 보기로 할까요?

100톤 가량 나가는 슈퍼사우루스 공룡의 뇌는 약 230그램 정도입니다.

이에 비해 100톤 무게의 고래의 뇌는 회색 피질의 덩어리로서 길이가 45센티미터나 되며 무게는 9킬로그램, 즉 공룡의 뇌의 30배가 넘습니다.

공룡은 이렇듯 겨우 230그램 정도의 작은 뇌를 가지고 100톤이나 나가는 거대한 몸을 움직여야만 했습니다.

공룡의 경우처럼 몸무게에 대한 뇌 무게의 비율이 작은 동물일수록 행동은 단순하고 자동적으로 반응하며 지능이 낮습니다. 몸집이 클수록 몸을 움직이는 데 필요한 신경 조직이 많으며 이 신경 조직을 조종하는 뇌는 바쁠 수밖에 없습니다. 그러나 몸집은 큰데 뇌가 작으면 뇌의 모든 신경 세포는 살아가는 데 있어 가장 중요하고도 가장 단순한 일에만 몰두하게 됩니다.

그것은 바로 먹이를 구하고 적을 피하는 일입니다.

그러나 포유 동물에 비해 지능이 낮았음에도 불구하고 공룡

은 그런 단순한 행동만을 반복하면서도 오랜 세월 포유 동물을 지배하며 살았습니다. 그 때는 힘이 지배하는 시대였으니까요.

공룡을 당해 낼 만한 동물이 그 당시 지구상에는 전혀 없었습니다. 그러나 지금은 여러분도 알다시피 아직까지 남아 있는 공룡은 한 마리도 없습니다. 그렇다면 이것은 어떻게 된 일일까요? 공룡은 왜 멸종했을까요?

여기에는 여러 가지 추측들이 있습니다.

하나는 포유 동물들이 계속 공룡의 알을 훔쳐먹었기 때문이라는 학설입니다.

그러나 포유류는 1억 년 동안이나 공룡과 함께 살았었습니다. 왜 그 전에는 먹지 않았던 알을 갑자기 먹게 되었을까요?

또 다른 설명으로는 어느 날 지구 가까이 있었던 별이 폭발하여 거기서 나온 해로운 방사선이 공룡을 전멸시켰거나 아니면 굉장히 큰 혜성이 지구에 떨어진 충격에 의해 멸종한 것이라고 주장하는 학자들의 설이 있습니다.

그러나 공룡의 수는 약 8000만 년 전부터 줄어들기 시작하여 6500만 년 전쯤엔 지구상에 단 한 마리도 남지 않게 되었습니다.

그러므로 공룡은 방사선이나 혜성에 의해 어느 날 갑자기

순식간에 멸종된 것이 아니라는 말이 되지요.

공룡의 멸종에 대한 제3의 설명은, 공룡의 뇌 때문이라는 것입니다. 공룡은 파충류 중에서 비교적 영리하였지만 포유 동물이나 다른 동물들에 비해 지능이 매우 낮은 편이었습니다.

이것은 환경의 변화에 대한 적응 능력이 부족하다는 이야기도 되는 것이지요.

공룡이 지배하던 1억 년 동안 지구의 기후는 매우 따뜻하고 먹을 것들도 풍부하였습니다. 그런데 8000만 년 전부터 기온이 내려가기 시작했습니다.

기온이 내려감에 따라 바닷물의 높이는 낮아지고 황량한 땅의 표면이 드러났습니다. 그러자 대륙의 땅덩어리는 적도에서 밀려나 남과 북으로 갈라져 떠돌게 되었습니다.

원래 공룡들은 1년 내내 계절의 변화가 없는 열대나 아열대 지역에서 주로 살았습니다. 그런데 어느 날부터 그 대륙이 서서히 이동을 하기 시작한 것입니다.

대륙의 이동이 끝난 곳은 계절의 변화가 뚜렷한 남반구와 북반구의 추운 지역이었습니다.

따라서 공룡들은 열대의 따뜻한 바다에 둘러싸인 섬에서 갑자기 추운 시베리아 한가운데로 쫓겨나게 된 셈이었습니다.

춥고 건조한 기후와 황량한 대지는 파충류인 공룡에게는 가장 무서운 적이었습니다.

대부분의 파충류들이 냉혈 동물이듯이 공룡도 냉혈 동물이었을 가능성이 높습니다. 그것은 화석으로 남아 있는 육식과

공룡의 출현 2억 2500만년전
공룡의 멸종 6500만년전

초식 공룡의 이빨을 보면 알 수 있습니다.

나무에 새겨진 나이테처럼 계절의 기온 변화에 따른 체온의 변화에 의해 공룡의 이빨에도 나이테가 그려진 것입니다.

이 공룡 이빨의 나이테는, 바깥의 기온 변화에 영향을 받지 않고 언제나 체온을 일정하게 따뜻한 상태로 유지하는 온혈 동물에게서는 나타나지 않는 현상입니다.

공룡은 불행하게도 환경의 도전에 맞설 적응 능력이 없었습니다. 몸집이 너무나 컸기 때문에 더위에 쉴 만한 나무 그늘이 없었으며, 추위를 피할 수 있는 동굴도 찾을 수 없었습니다. 더군다나 지능적인 뇌를 가지고 있지 않았기 때문에 달리 무슨 방법을 생각해 낼 수도 없었습니다.

결국 새로운 환경에 적응하지 못한 공룡들은 하나하나 사라지기 시작하여 2000년도 안 되는 기간에 걸쳐 모조리 멸종해 버리고 말았습니다.

이에 비해 온혈 동물이며, 지능을 가진 몸집이 조그마한 털투성이 포유동물들이 새로운 환경에서 어떻게 적응해 나갔는지 여러분 모두 상상이 갈 것입니다.

뇌의 시각 기능

포유류의 시각 기능

공룡의 경우에서만 보더라도 생명체에 있어서 뇌의 기능이 얼마나 중요한 것인지 잘 알 수 있습니다.

공룡은 단순한 행동만 해도 충분히 생활이 가능한 환경 속에서 살았습니다. 따라서 공룡들의 뇌는 더 이상 발달해야 할 필요가 없었습니다. 공룡은 초기에 비해 엄청나게 커진 몸집과는 달리 뇌의 크기는 거의 변하지 않았습니다. 그것이 공룡을 멸종의 길에 이르게 하였습니다.

5000만 년 내지 6000만 년 전의 포유류가 살았던 생활 무대는 훨씬 더 복잡한 세계였습니다. 따라서 포유류는 파충류보다 점점 더 지능적이며 경계심이 많은 동물이 되어 갔습니다.

포유류가 먹이를 잡는 방법은 복잡하고 정교한 것이었기 때문에 여러 가지 감각 기능들이 보다 예민하게 발달하였습니다.

이제 어디에도 무서운 적인 공룡은 없었습니다. 바야흐로 포유류 시대로 접어든 것입니다. 그들은 자연 낮에도 활동을 할 수 있게 되었습니다.

지능을 가진 포유류의 뇌는 낮 동안의 활동을 위해 시각 기능을 갖추어 가기 시작했습니다. 뇌의 시각을 통한 판단 기능은 다른 여러 기능 중에서도 가장 중요한 기능이라 할 수 있습니다.

후각을 통한 정보를 쌓아 두었던 대뇌 피질은 이제 시각적인 기억까지 쌓아 두어야 했으므로 점점 더 커져 가야만 했습니다.

뇌의 발달에 비례해서 눈도 발달하였습니다. 단순히 보는 것 외에 자신에게 필요한 중요한 부분만을 가려내어 볼 수 있게까지 되었습니다.

예를 들면 숲 속에서 자기가 찾고자 하는 어떤 나무 한 그루만을 구별하여 보고 그 정보를 뇌로 보내는 것입니다. 또한 그 나무의 나뭇가지 사이에 어두운 물체가 도사린 듯이 보이면 그것이 옛날의 나무 모습과는 다르다는 것을 깨닫게 되고 뇌는 곧 도망치라는 명령을 내리는 것입니다.

위와 같은 상황에서의 뇌는 매우 정교하게 움직여야 할 것으로 생각됩니다. 약간의 잘못이나 오해도 있어서는 안 되는 것처럼 말이지요. 그러나 뇌는 너무 정교해서도 안 됩니다. 왜일까요? 만약 뇌가 작은 실수도 하기를 싫어한다면 눈은 계속 그 나무만을 쳐다보아야 하고 뇌는 계속 그 나무를 분석하느라고 다른 쪽에는 미처 신경을 쓰지 못할 것입니다. 뒤에서 무

대뇌 피질
(판단 시각적인
기능)

서운 적이 자신을 노리고 있는 것도 눈치채지 못하고 말이지요.

실제로 이렇게 지나치게 정교한 뇌를 가진 포유 동물이 있다면 그는 약한 바람에 흔들리는 잎사귀의 움직임에도 온갖 무서운 상상을 하게 될 것이며, 매 순간순간을 불안과 공포 속에서 떨 것입니다.

이와 반대로 또 지나치게 둔하고 정교하지 못한 뇌를 가졌다면 주의력이 부족한 그 포유 동물은 곧 다른 동물인 적의 먹이가 되고 말 것입니다.

그 당시 포유 동물의 뇌는 이 시각 기능을 적절히 수행하였던 것이지요.

인간의 시각 기능

뇌의 발달 정도를 알아보는 방법으로는 질량을 재는 방법과 앞의 경우처럼 시각 기능이 어느 정도나 발달했는가를 알아보는 방법이 있습니다.

사실 인간의 뇌가 어떻게 작용하는지를 완전히 알아내기란 매우 어렵습니다. 개구리와 같은 하등 동물의 뇌기능은 실험을 통하여 알아볼 수 있지만, 지능이 높은 고등 동물의 뇌 기능에 대하여는 아직도 많은 수수께끼가 남아 있습니다.

그러나 최근 10여 년 동안 토끼나 고양이, 원숭이 등의 뇌 실험을 통해 고등 동물의 뇌 기능에 대해서도 상당히 많이 알게 되었습니다.

그 결과 인간의 뇌가 어떻게 기능하는가에 대해서도 많은 것을 짐작해 낼 수 있게 되었습니다.

특히 원숭이의 뇌 실험으로 많은 것을 이해하게 되었는데 원숭이는 인간과는 가장 가까운 사촌인 셈입니다. 같은 조상으로부터 갈라진 지가 겨우 3500만 년밖에 안되니까 말이지요.

이와 같은 과학적 실험의 결과, 포유 동물의 뇌는 개구리의 뇌보다 훨씬 복잡하고 우수하다는 것을 알게 되었습니다. 하지만 뇌 기능의 기본 조직은 모두 같다는 것도 역시 알게 되었습니다.

앞에서 이야기했듯이 양서류인 개구리의 경우 뇌에 전달되는 정보는 '먹이감' 이냐 아니면 '적' 이냐 하는 간단한 정도에 불과합니다.

그러나 원숭이와 같은 고등 포유 동물의 경우 눈에서 뇌로 전달되는 시각 정보는 매우 상세하고 그 정보량이 풍부합니다. 뿐만 아니라 뇌의 '시각 피질' 이라는 부분에서 다시 분석되고 종합되어집니다.

포유 동물의 시신경은 개구리의 시신경보다 훨씬 섬세하기 때문에 작은 글씨도 알아볼 수 있고 어떤 그림이 동양화인지 서양화인지도 구분할 수 있는 것입니다.

그럼 이제부터 고등 동물의 시신경 조직이 어떻게 이루어져 있는지를 살펴보도록 하지요.

눈알의 가장 안쪽을 망막이라고 부릅니다. 이 망막은 시신경 세포와 연결이 되어 있습니다. 시신경 세포는 망막 세포들로부터 받은 정보를 뇌에 전달합니다.

양서류인 개구리의 시신경 세포는 그 수가 너무 적어서 어

떤 물체의 전체 형태를 뇌로 옮기지 못합니다.

그러나 고등 동물의 시신경 세포는 수백 개가 넘으며 그 한 개 한개가 물체의 작은 한 부분씩을 담당하여 시각 피질로 옮깁니다.

시각 피질은 뇌의 뒤쪽에 위치하고 있는데 거기에는 눈의 망막과 같은 부분이 있습니다. 이 시각 피질에 비친 물체의 형태는 다시 분석되고 평가되어 집니다. 그리하여 우리는 물체의 가장 중요한 핵심을 자세히 보게 되는 것입니다.

분석과 계산 작업을 하는 이 피질 부분은 두께가 2.5밀리미터쯤 되는 회색의 물질로 되어 있습니다. 죽은 뇌에서는 색깔이 회색이지만 살아 있는 뇌에서는 연한 분홍빛을 띠고 있습니다. 보통 그 부분을 회색의 피질층 즉 '회색질'이라고 부릅니다.

이 회색질 바로 밑에는 두께가 1.2밀리미터쯤인 백색질이라 불리는 흰색의 피질층이 있습니다. 이 백색질은 각 신경 세포를 연결해 주는 연락병의 역할을 하고 있습니다.

뇌의 이와 같은 구조는 컴퓨터의 전자 회로 구조와 매우 비슷한 것입니다.

진화

진화의 원인

포유 동물의 시각 기능과 뇌 기능이 점차적으로 발달된 이유는, 눈으로 본 것을 파악하는 능력이 뛰어날수록 살아가는데 유리하였기 때문입니다.

그러나 이 기능들은 어느 순간 갑자기 발달된 것이 아닙니다. 수백 수천만 년을 거치면서 극히 작은 변화가 쌓이고 쌓여서 그 기능과 형태가 끊임없이 변화된 것입니다.

그런데 이러한 변화가 일어난 원인은 무엇일까요?

그것은 '우연' 이라고 추측할 수 있습니다.

태양열이나 혜성의 빛에 의한 자극이나 자연 환경의 어떤 변화에 의해 세포의 조직에 변화가 생겼을 수도 있습니다.

또는 태어날 때 유전 인자의 결합 과정에서 잘못이 생겨 엉뚱한 세포 조직이 생기는 수도 있었을 것입니다.

그러나 이와 같이 갑자기 생긴 세포 조직은 대부분 몸에 해로운 것이므로 세대가 교체되는 과정에서 서서히 없어지고 맙니다. 그러나 한편 이렇게 한번 생각해 볼 수 있습니다.

기린의 목은 모두 짧았습니다. 그러다가 우연한 세포 조직의 변화에 의해 다른 기린보다 목이 좀더 긴 기린이 태어났습니다. 이 기린은 처음엔 좀 놀림을 받았을지도 모릅니다. 그러나 이 기린은 다른 기린들보다 목이 더 길었으므로 좀더 높은 나뭇가지의 나뭇잎도 따먹을 수가 있었습니다.

이것은 살아가는 데 있어서 훨씬 유리한 조건이었습니다. 나뭇잎을 많이 먹어 건강한 기린은 튼튼한 새끼들을 낳았습니다.

그리고 자식이 부모를 닮게 되는 유전의 법칙에 의해 새로 태어난 기린 새끼들은 부모 기린을 닮아 모두 목이 길었습니다.

이러한 작은 변화가 수백만 년 동안 수십만 번의 세대 교체를 통해 이루어지면서 나중에는 전혀 다른 모습의 생물이 되는 것입니다.

바로 이 학설을 '진화론' 이라고 부릅니다.

다윈과 종의 기원

'진화론'을 최초로 주장한 사람은 영국의 과학자 '찰스 다윈'입니다. 1800년 영국을 비롯한 여러 나라들은 자신들의 상품을 팔 나라와 거기를 가는 안전한 뱃길을 찾기 위해 수많은 탐험대를 조직했습니다.

생물학자나 지질학자 등의 과학자를 포함한 탐험대는 배를 타고 세계 각지를 여행하였습니다.

'비글호'를 탄 다윈이라는 젊은 과학자도 그런 탐험 대원 가운데 한 명이었습니다.

다윈은 비글호를 타고 세계 각지를 돌아다니며 여러 동식물의 화석과 암석 및 지층 등을 조사하고 관찰하였습니다. 또한 그 지방의 독특한 토지나 동식물의 생활, 습관 등을 자세히 살피고 또 이것을 상세하게 기록하였습니다.

그러나 이 탐험 여행은 쉬운 일이 아니었습니다. 그 당시는 배를 만드는 조선 기술이 발달되어 있지 않아서, 오랜 항해를 해야만 하는 배들의 규모와 성능이 완전하지 못했습니다.

다윈이 탄 비글호도 길이 30미터, 폭 9미터, 무게가 겨우 242톤에 지나지 않는 작은 배였습니다. 이 배를 타고 간 탐험 대원들의 고생이 얼마나 심했을지는 상상도 하기 어려울 정도였습니다. 2년 예정으로 떠난 비글호는 실제 5년 이상 항해를 계속했으며, 항해 중에 다윈은 많은 고통을 겪었습니다.

그 항해 때문에 다윈은 일생을 허약한 몸으로 지내야만 했을 정도입니다. 그러나 이 항해에서 다윈은 중요한 발견을 하게 되었고 그 발견으로 인해 오늘날까지 찰스 다윈이라는 그의 이름을 과학사에 길이 남기게 되었습니다.

다윈은 우루과이, 아르헨티나, 에콰도르 등 남미 대륙의 여러 지역을 탐험하던 도중 가라파고스 군도의 한 섬에서 이상한 광경을 목격하게 되었습니다.

그 광경이란 몸길이가 1미터 가량되는 거대한 거북이들이 해안으로부터 산을 향하여 힘겹게 기어가는 것이었습니다. 한편 기어올라가는 거북이 행렬 옆에는 산으로부터 해안으로 내려오고 있는 거북이 행렬이 늘어서 있었습니다.

다윈은 이 신기한 광경을 보고 이들이 왜 산을 올라갔다가 내려오는지 안내를 해 주는 그 마을 토인에게 물었습니다.

그러자 토인은 말하기를 산꼭대기에 깨끗한 물이 나오는 우물이 있는데 거북이들은 그 우물가에 2, 3일 동안 머무르며 그 물을 마시다가 내려오는 것이라고 대답해 주었습니다. 토인은 이어서 한 가지 더 흥미 있는 사 실을 알려 주었습니다.

여러 섬들이 모여 있는 가라파고스 군도의 각 섬에는 모양

새가 조금씩 다른 여러 종류의 거북이들이 살고 있다는 것이었습니다.

다윈에게는 도저히 믿기지 않는 말이었습니다. 당시 사람들은, 모든 생물은 하느님이 만든 것으로서 창조된 이후에는 그 형상이 전혀 변하지 않는다고 믿고 있었으니까요.

다윈은 가라파고스 군도의 여러 섬들을 차례로 돌아다니면서 직접 관찰하고는 그 토인의 말이 사실임을 알게 되었습니다. 각 섬에 살고 있는 거북이들은 조금씩 그 형태나 성질들이 달랐던 것입니다. 그리하여 그는 지금까지 모든 사람들이 그대로 믿어 오던 창조론에 대해 의문을 갖게 되었습니다.

다윈은 계속 더 많은 관찰과 연구 끝에 창조론과 반대되는 새로운 이론을 세울 수 있었습니다.

생물의 형상은 변하지 않는 것이 아니라 긴 세월을 지나는 동안 조금씩 변화한다는 생물 진화론이 바로 그 이론입니다.

1836년 10월 다윈은 오랜 항해를 마치고 영국으로 돌아왔지만 곧바로 자신의 이론을 발표할 수는 없었습니다. 생물 진화 사상은 인간과도 직접 관련되는 문제이기 때문입니다.

신의 창조물로서 인간의 존엄성을 믿고 있던 많은 사람들이 거세게 비난하고 공격할 것에 대비하여 다윈은 진화에 대한 확실한 증거 자료들을 더 많이 모아야만 했습니다.

그리하여 20년이란 긴 세월을 수집하고 연구한 끝에 1859년 드디어 다윈은 〈종의 기원〉이라는 책을 세상에 내놓았습니다.

종의 기원에는, 인간을 포함한 모든 동물은 하등 동물로부터 고등 동물로 진화해 왔으며, 또 모든 생물은 '적자 생존'의 원칙에 지배받고 있다고 기록되어 있습니다.

이 책은 나오자마자 많은 사람들의 관심을 끌어모았으나 동시에 수많은 강력한 반대 의견에 부딪혔습니다.

특히, 인간이 하등 동물로부터 진화되어 왔다면 그 하등 동물이란 아마 원숭이와 비슷한 종류가 아닐까 하는 다윈의 생각에 비난이 집중되었습니다.

사람들은 인간의 조상이 원숭이라는 생각은 성서에 쓰여져 있는 사실을 부정하는 천벌을 받을 만한 무서운 사상이라고 극렬하게 비난하였습니다.

다윈의 진화론은 그 이후로도 오랜 동안 외롭게 투쟁해야만 했습니다. 그러다가 토머스 헨리 헉슬리라는 학자에 의해 서서히 진화론은 인정을 받게 되었습니다.

동물학자인 헉슬리는 인간의 기원 문제에 대해 연구를 계속하면서, 인간은 해부학적으로 보나 발생학적으로 보나 하등 동물로부터 진화했음이 틀림없다는 주장의 논문을 여러 번 발표하였습니다.

설득력 있는 그의 논문에 의해 진화론의 찬성자들이 하나 둘 늘어갔습니다. 그리고 현재에 이르러서는 진화론은 누구도 부정할 수 없는 명백한 사실로 널리 믿어지게 된 것입니다.

종의 기원

유인원에서 인간으로

나무 위에서 살다

인간의 뇌는 100억 개의 신경 세포로 이루어져 있습니다. 또한 100조 개에 달하는 연결 회로로 구성되어 있습니다.

이 연결 회로의 반 이상이 대뇌 피질에 있는데 대뇌 피질은 동물의 뇌 구조에서 가장 나중에 생겨난 것입니다.

대뇌 피질은 주름살이 많은 피질층으로 싸여 있으며 추리, 기억, 대화 능력, 학습 능력 등 여러 가지 인간의 중요한 기능을 조정하는 곳입니다.

인간이 유인원에서 인간으로 진화할 수 있었던 것은 바로 대뇌 피질의 진화가 있었기 때문이라고 말할 수 있습니다. 또한 대뇌 피질이 진화했다는 것은 곧 두개골의 성장을 의미하

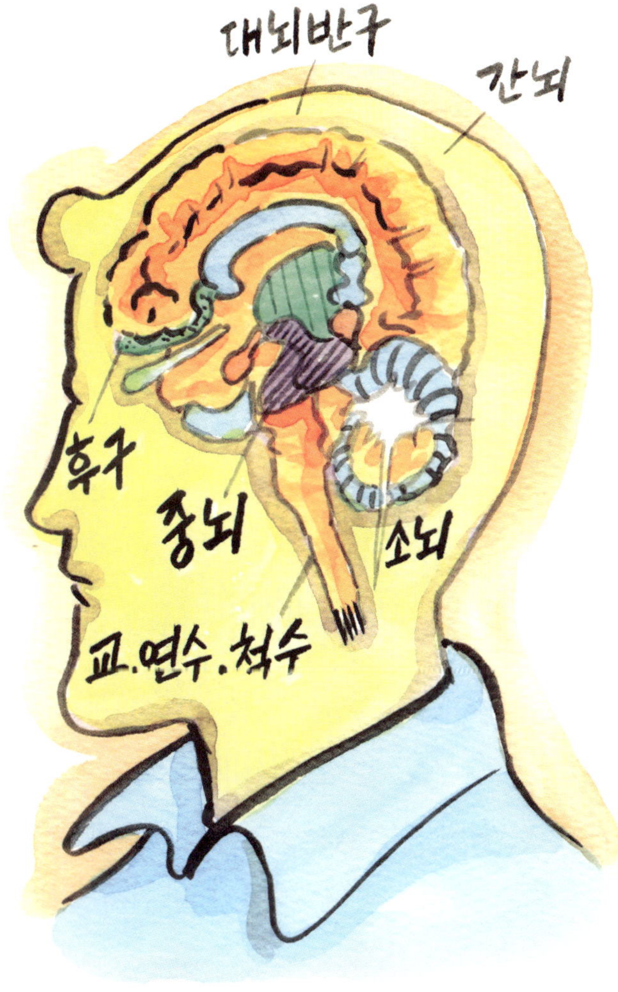
대뇌반구
간뇌
후구
중뇌
소뇌
교.연수.척수

는 것입니다.

대뇌 피질이 진화하기 시작한 것은 약 6000만 년 전 내지 7000만 년 전이었습니다.

화석의 기록에 의하면 그 때까지 숲 속의 나무 밑에서만 살던 포유 동물 중에서 한 무리의 호기심 많은 동물이 나무에 기어올라가 살았다고 합니다.

삶의 장소가 땅에서 나무 위로 옮겨지게 된 것이 바로 뇌가 진화하게 된 결정적 원인이었습니다.

그 당시 왜 그 한때의 포유 동물들이 걷기에 편한 땅을 버리고 떨어질 위험이 많은 나무 위로 올라가 살게 되었는지는 아직껏 수수께끼로 남아 있습니다.

이것은 3억 5000만 년 전 수많은 물고기 중에서 하필이면 크로숍테리지안 물고기만이 물을 떠나서 육지로 기어올라와 살게 되었는지를 알 수 없는 것과 마찬가지입니다.

단지 지금의 우리가 알 수 있는 것은, 소수의 동물들만이 자신들의 삶의 환경을 바꾸었으며 환경이 바뀌자 몸의 구조와 기능도 자연히 변화되었다는 사실입니다.

이렇게 하여 동물의 진화는 이루어진 것입니다.

성질이 괴팍하거나 호기심이 많은 몇몇 동물들이 한번도 가본 적이 없었던 세계에 우연히 발을 내딛음으로써 말이지요.

이 개척자들은 새로운 세계가 우연히도 살기 좋은 곳이면 거기에 계속 머물렀습니다.

한편 이 용감한 개척자들 중에서도 새로운 환경에 적응하지 못하는 동물들은 하나 둘 사라져 버렸습니다. 그리고 살아 남은 동물들은 새로운 삶의 환경에 적응하게 되는 과정에서 몸의 구조와 기능이 서서히 바뀌게 되었습니다.

여러분 상상해 보세요. 지금으로부터 7000만 년 전 한 마리

의 동물이 숲 속의 어떤 나무에 기어올라갔습니다. 이유는 단순한 호기심에서였거나 또는 다른 큰 동물에게 쫓기는 위험한 순간에 우연히 생각해 낸 행동이었겠지요.

나무 위에는 새로운 종류의 벌레와 아무도 손대지 않은 탐스러운 과일들이 무진장 열려 있었습니다. 게다가 맹수의 위협을 느끼지 않아도 되는 안전한 장소이기도 합니다.

그는 이 새로운 낙원에 대한 이야기를 동료들에게도 전했을 것입니다. 그리고 그 무리 가운데 나무를 타는 솜씨와 나무 위에서 떨어지지 않는 기술이나 능력 등이 뛰어난 우등생들만이 계속 나무 위에서 생활을 하게 되었습니다.

이 새로운 생활 환경에서 얻을 수 있었던 풍부한 먹이와 맹수들로부터의 보호는 생존 경쟁상 매우 유리하였습니다. 그래서 이들 나무 위에서 생활하는 포유 동물들은 계속 늘어났습니다. 새끼들은 배불리 먹었고 건강했으며 나무 위에서의 생활에 알맞는 특징을 부모로부터 계속 물려받았습니다.

세월이 흐르는 동안 이들 동물의 수는 더욱 많이 불어나서 결국 나무 위의 생활에 완전히 익숙해진 새로운 동물의 무리가 이루어졌습니다.

이와 같이 처음으로 나무 위에 자신들의 삶의 자리를 정하게 된 동물을 영장류라고 합니다. 영장류는 원숭이와 인간의 공동 조상이 됩니다.

영장류의 뇌 발달

초기 영장류는 포유 동물 중에서 비교적 뛰어난 뇌를 가졌습니다.

그런데 나무 위의 생활은 평지에서의 생활보다 유리한 점도 있었지만 어려운 점도 많았습니다. 이 어려움을 이겨내며 생활에 적응하는 과정에서 영장류들의 뇌 기능은 더욱 발달하게 되었습니다.

뇌의 발달은 2억 년 전 최초의 포유 동물이 등장하면서부터 서서히 그러나 꾸준하게 진행되었습니다. 그러다가 나무 위에서 생활하는 포유 동물이 등장하게 되자 뇌의 발달은 더욱더 속도를 내기 시작했습니다.

나무 위에서 생활하는 포유 동물을 '수상 동물'이라고 부릅니다.

이 수상 동물의 뇌가 급속히 발달한 이유로는 대략 3가지를 들 수 있는데, 그 첫번째가 시각 기능의 발달입니다.

시각은 물고기와 파충류가 살아가는 데에는 반드시 필요한

기능이었습니다. 그러나 앞에서 말한 대로 초기 포유류들에게는 후각 기능이 더 중요한 역할을 하였습니다. 공룡의 횡포 때문에 초기 포유류들은 어두운 밤에만 활동해야 했으니까 말이지요.

그러나 수상 동물에게 눈은 다시 중요한 역할을 하게 되었습니다.

나무 위에서 생활하는 동물이 이 나뭇가지에서 저 나뭇가지로 건너뛰기 위해서는 거리를 정확하게 보고 계산해야만 하기 때문입니다. 자칫 실수하여 나무에서 떨어지면 뼈가 부러지거나 목숨을 잃게 되는 수도 있으니까 말이지요.

'깁본' 이라고 불리는 긴팔원숭이는 영장류 중에서 나무 타는 솜씨가 가장 뛰어난 종류입니다. 그러나 일생 동안 깁본의 3분의 1이 나무에서 떨어져 크게 부상을 당한다고 합니다.

거리를 정확하게 재기 위해서는 두 눈이 얼굴의 앞면에 위치해야 합니다. 그래야 서로 겹치는 장면의 멀고 가까움을 분명하게 구별할 수가 있습니다.

영장류 이전의 포유 동물은 평지에서 살았기 때문에 눈이 머리의 앞쪽에 붙었다기 보다는 옆쪽에 붙어 있었습니다. 왜냐하면 맹수들은 앞에서만 노리는 것이 아닙니다. 그러므로 좌우, 등 뒤까지 언제나 경계를 게을리 해서는 안 됩니다. 그러자니 평지에서 사는 포유 동물들은 주위를 넓게 볼 수 있도록 눈이 양쪽 측면에 붙어 있어야 했습니다. 고개를 돌리지 않아도 양쪽이 한눈에 들어오기 때문이지요.

그러나 한쪽 눈이 한쪽 면만을 보기 때문에 장면을 입체적으로 볼 수가 없었습니다. 따라서 초기 포유 동물들은 어느 것이 앞에 있고 어느 것이 뒤에 있는지 거리 측정을 잘 할 수가 없었습니다.

만약에 수상 포유 동물의 눈이 양쪽 측면에 붙어 있어서 어느 것이 앞에 있고 어느 것이 뒤에 있는지 가늠을 할 수 없다고 생각해 보세요.

가까이 있는 나무인 줄 알고 건너뛰었는데 그 나무는 바로 옆에 있는 것이 아니라 훨씬 멀리 떨어져 있었다고 해 봅시다. 이 가없은 수상 동물은 어찌 되었을까요?

그렇다면 본래 옆에 붙어 있던 눈이 어떻게 얼굴의 앞쪽으로 이동하게 되었을까요?

같은 종의 동물이라도 몸의 구조가 조금씩 다릅니다.

예를 들면 사람들도 어떤 사람은 눈이 크고 어떤 사람은 작습니다. 사람마다 키나 몸무게가 조금씩 차이가 나며 생긴 모양도 각기 다릅니다.

이렇듯 초기 영장류 중에서도 다른 영장류에 비해 눈이 약간 얼굴의 앞쪽에 붙어 있는 영장류도 있었을 것입니다.

이런 운 좋은 영장류는 입체적으로 거리를 잘 측정할 수 있었으므로 나무 위에서 떨어지는 경우가 드물었습니다. 그들은 자연히 생존 경쟁의 승리자가 되었을 것입니다. 또한 이들이 낳은 자식들 역시 부모의 유전 인자를 물려받아 눈이 얼굴의 앞면에 위치하였을 것입니다.

실제로 동물의 화석을 조사해 보면, 눈의 위치 이동이 점진적으로 진행되었음을 볼 수 있습니다. 초기 영장류의 두개골 화석을 조사해 보면 눈의 위치가 수백만 년의 기간에 걸쳐서 조금씩 조금씩 얼굴의 앞쪽으로 이동한 것을 알 수 있습니다.

원숭이와 유인원에 와서는 눈의 위치가 완전히 얼굴 앞면으로 오게 되는데 이렇게 눈의 위치 이동이 완전히 끝나게 될 때까지는 통틀어 2000만 년이라는 기나긴 시간이 걸렸습니다.

눈의 위치가 바뀜에 따라 뇌의 기능에도 커다란 변화가 왔습니다. 눈이 앞쪽으로 이동했다고 해서 저절로 입체적 시각 기능이 생기는 것은 아니기 때문이지요.

눈이 입체적 시각 기능을 하려면 뇌에도 여러 물체가 서로 떨어져 있는 거리의 차이를 지각할 수 있는 뇌의 연결 회로가 있어야 합니다.

뇌의 시각 피질에는 한쪽 눈에만 연결되어 있는 신경 세포가 있는가 하면, 양쪽 눈에 모두 연결되어 있는 신경 세포도 있습니다. 그런데 양쪽 눈에 연결되어 있는 신경 세포가 바로 거리를 측정하는 뇌 세포입니다.

이 신경 세포는 오른쪽 눈과 왼쪽 눈이 동시에 물체를 바라볼 때만 그 기능을 합니다. 두 눈동자에 붙어 있는 근육이 움직여서 한 물체에 초점을 맞추는 것이지요.

따라서 물체가 눈에서 떨어져 있는 거리에 따라 눈동자의 위치와 시각 근육의 움직임이 달라집니다.

눈동자의 위치와 근육의 움직임이 어느 정도인가 하는 정보가 정확하게 계산된 형태로 뇌에 전달되면 뇌는 이 정보에 의해 물체가 눈으로부터 어느 만큼 떨어져 있는지를 알게 됩니다.

눈의 근육이 어느 정도 움직이는가를 파악하는 연결 회로는 뇌의 시각 피질에 있습니다. 이 연결 회로는 본래 눈이 얼굴의 양옆에 있었을 때는 없었던 것입니다.

그러나 눈이 얼굴의 앞쪽으로 이동하는 데에 따라서 생겨나게 되었습니다.

화석의 기록에 의하면, 눈의 위치 이동이 진행되던 초기 영장류 시대에 뇌에서 시각 피질이 차지하는 부분이 갑자기 커졌다는 것을 알 수 있습니다.

그러므로 원숭이와 유인원의 뇌가 커진 것은 대부분 시각 피질이 커졌기 때문입니다.

영장류의 뇌가 커진 이유로는 색깔을 구분하는 뇌 기능의 발달을 들 수 있습니다.

원숭이나 유인원, 인간은 모두 색깔을 구분할 수 있는 능력이 발달되어 있습니다.

색깔을 볼 수 있게 되면 물체를 훨씬 빨리, 그리고 효과적으로 잘 볼 수 있습니다.

예를 들어 한 사람은 흑백 텔레비전을 통해 사과나무를 보고 있고 또 한 사람은 컬러 텔레비전에 나오는 사과나무를 보고 있다고 상상합시다. 과연 어떤 사람이 우거진 나뭇잎 속에서 빨간 사과를 먼저 찾아내게 될까요?

이렇듯 나무 위에서 생활하는 동물에게는 색깔을 구분하는 능력이 살아가는 데에 매우 중요한 조건이 되었습니다.

색깔을 구별하는 능력이 발달함에 따라 색깔을 지각하는 뇌의 연결 회로도 그만큼 새로 생겨나야 하는 것은 당연한 일입니다.

물체의 색깔이 뇌에게 주는 정보와 물체의 형태가 주는 정보는 각각 다릅니다. 그러나 물체는 형태와 색깔을 동시에 가지고 있기 때문에 색깔과 형태를 종합할 수 있는 또 다른 연결 회로가 필요합니다.

따라서 뇌의 기억 세포도 색깔을 기억하는 부분을 필요로 했기 때문에 뇌의 크기는 더욱 커져야 했습니다.

이렇게 해서 색깔을 구분하는 능력을 가지게 된 영장류의 뇌는 더욱 발전을 하게 되었습니다.

뇌를 발달시킨 세 번째 원인은 바로 앞발의 자유로운 사용에 있습니다. 네발 짐승의 앞발이 영장류 시대에 와서는 동작이 자유로운 손으로 바뀌었던 것입니다.

발톱을 가진 네발 짐승이라 해서 모두 나무 위에서 생활할 수 있는 것은 아닙니다. 고양이나 표범 등은 나무에 오를 수는 있으나 나무 위에서의 생활은 불가능합니다.

네발 달린 짐승은 우선 가는 나뭇가지 위에서 몸의 균형을

잡기가 어렵습니다. 또한 나뭇가지 끝에 달려 있는 조그만 열매를 따기란 더욱 어렵습니다. 이 나뭇가지에서 저 나뭇가지로 건너뛰거나 이 쪽 나무에서 저 쪽 나무로 건너뛰는 일도 매우 어려운 일입니다.

나무 위에서 자유롭게 활동하기 위해서는 무엇보다도 나뭇가지를 휘어잡을 수 있도록 손가락이 잘 발달되어 있어야 합니다. 또 손과 발의 동작을 리듬 있게 움직일 수 있도록 해 주는 어깨와 허리가 갖추어져야 하며, 손목도 회전이 가능해야 합니다.

개나 고양이는 손목을 회전시키지 못합니다. 앞발을 머리 위로 올리지도 못합니다. 오직 고릴라, 오랑우탄, 침팬지 등의 유인원과 사람만이 그렇게 할 수 있습니다.

화석을 통해 영장류의 앞발이 손으로 바뀌는 과정을 관찰해 볼 수 있는데 이 변화가 완성되기까지는 무려 3000만 년의 긴 세월이 걸렸습니다.

이렇게 새로운 몸 구조를 가지게 된 동물은 나무 밑에서 생활하는 네발 달린 짐승과는 전혀 모습이 다른 동물이 되었습니다.

이 새로운 동물이 바로 원숭이와 그 사촌이 되는 유인원입니다.

물체를 입체적으로 볼 수 있는 능력과 마음대로 움직일 수 있는 손가락, 다른 동물과 구별되는 이러한 두 기능은 정말로 대단한 기능이었습니다.

그들은 눈으로 봄으로써 물체의 깊이를 헤아리고, 손으로 만짐으로써 물체의 질을 느끼게 되었습니다.

이 새로운 감각은 원숭이의 뇌에서 종합되고 분석되고 기억되어야 했기 때문에 뇌의 연결 세포 조직도 그 만큼 더 있어야만 했습니다. 뇌의 진화가 급속히 이루어진 이유가 바로 여기에 있었습니다.

유인원에서 인간으로

인간으로서의 진화는 급속히 진전되었습니다. 불행하게도 원숭이는 3000만 년 전에 지구상에 출현한 이래로 크게 변하지 않은 채 오늘에까지 이르고 있습니다. 원숭이의 진화는 거기서 멈춘 것이지요.

그러나 유인원의 진화는 계속되었습니다. 유인원은 몸집이 점점 커지자 나무 위에서 내려와 평지에서 살게 되었습니다. 수천만 년 전에 조상들이 본래 살았던 고향으로 되돌아온 것

이지요.

유인원이 땅으로 내려와 살게 된 지 수백만 년이 경과된 어느 날이었습니다. 한 유인원 무리가 아프리카 동쪽에 있는 숲속에 머물러 살기 시작했습니다. 그 당시 동아프리카는 무덥고 습기찬 기후의 밀림이었습니다.

그런데 지금으로부터 1500만 년 전 지구의 기후가 갑자기 변화하였습니다.

이 갑작스런 기후 변화에 따라 진화의 방향이 새롭게 바뀌어졌습니다. 이런 일은 전에도 여러 번 있었습니다.

3억 5000만 년 전에는 계속된 가뭄으로 한 무리의 물고기들이 바다를 버리고 육지 생활을 선택하였습니다. 그리하여 처음 육지 생물이 생겨나게 되었던 것이지요.

8000만 년 전에는 기온의 변화로 인해 공룡이 멸종하였고 그에 따라 포유 동물이 전성기를 맞았습니다.

이러한 이유로 무덥고 언제나 습기가 차 있던 밀림은, 서늘하고 건조한 대초원으로 바뀌었습니다. 몇몇 숲을 제외한 대부분의 땅이 지금의 아프리카 대륙의 특징이 되는 나무 없는 대초원으로 바뀐 것입니다.

그 당시 숲에서 살고 있던 유인원은 이 때까지 있었던 어떤 동물보다도 뇌가 크고 지능이 높았습니다.

이 유인원 가운데 용감하고 매우 호기심 많은 한 무리의 유인원이 안전한 숲 속을 나와 널따란 대초원으로 탐험을 떠났습니다. 그리고 그 중에서 강한 유인원들만 이 초원 지대의 새로운 환경에 적응할 수 있었습니다.

초원 지대에 살게 된 유인원들은 이제 더 이상 유인원이 아니었습니다. 이들은 두발로 걸음을 걷는 전연 새로운 동물이었습니다.

이 새로운 동물은 몸무게에 비하여 뇌의 크기가 상당히 커서 뇌 중량이 그 동안 숲 속에 살았던 유인원의 2배 가까이나 되었습니다.

시간이 흐르면서 이들은 더욱 자연스럽게 두발을 사용했으며 지능도 점점 높아 갔습니다. 그리하여 '오스트랄로피테쿠스 아파렌시스'라는 인류의 최초 모습을 갖추었습니다.

그러나, 약 400만 년 전에 나타난 이 두발로 걷는 유인원 인간은 키가 1미터 20센티미터 정도밖에 되지 않았습니다.

그런데도 이들은 작은 짐승에게 사자나 하이에나와 같은 육식 동물과 마찬가지로 두려움의 대상이었습니다.

왜 그랬을까요? 유인원 인간에겐 날카로운 발톱이나 이빨도 없었고 그렇다고 맹수처럼 빨리 달릴 수도 없었는데 말입니다.

그러나 유인원 인간에게는 사자나 하이에나에게는 없는 매우 강력하고 우수한 무기가 있었습니다. 그 무기가 무엇인지 여러분은 모두 이미 짐작했을 것입니다.

유인원 인간은 '뇌' 라는 그 훌륭한 무기를 이용해 사냥을 하였으므로, 연약한 육체를 가졌으면서도 맹수들과의 싸움에서 번번이 이길 수 있었습니다.

유인원 인간의 뇌는 약 400그램 정도였는데 지금 인류의 뇌 중량에 비하면 약 3분의 1정도밖에 안 되었습니다.

그러나 몸집이 작았기 때문에 결코 뇌 비중이 작은 동물은 아니었습니다. 기억력이나 추리 능력 등에 사용되는 회색의 대뇌 피질은 다른 동물에 비해 월등히 컸던 것이지요.

이들은 약 300만 년 가량 대초원을 누비며 '오스트랄로피테쿠스 아프리카누스' '오스트랄로피테쿠스 로부스투스' 등으로 진화하여 갔습니다.

그러다가 약 100만 년 전쯤 '호모 에렉투스' 라는 새로운 종만을 남기고 유인원 인간들은 모두 멸종하였습니다.

이 새로운 인류 역시 유인원 인간인 오스트랄로피테쿠스처럼 두발로 서서 걸었지만 그 외모에서는 큰 차이가 났습니다.

이들은 훨씬 고상한 모습을 갖추고 있었습니다. 얼굴 생김새도 유인원보다는 현재의 인간 모양에 더 가까웠고 뇌도 컸습니다.

이 호모 에렉투스는 똑바로 서서 걷는 인간이라는 뜻으로 다른 말로는 '직립 인류' 라 합니다.

이들 직립 인류는 사냥꾼으로서 뛰어난 솜씨를 발휘하였습니다. 아무리 크고 사나운 짐승이더라도 직립 인류의 지능에서 나오는 힘을 당할 수 없었습니다.

이 때 벌써 직립 인류는 돌연장을 만들어 사용했습니다. 이들은 돌연장을 만들어 사용하면서부터 빠른 속도로 진화하여 갔습니다.

가장 원시적인 인류에 속하는 직립 인류가 연장을 만들어 사용하게 된 것은 두 팔이 자유롭게 되었기 때문입니다. 발만으로 설 수 있게 되었으므로 팔이 여러 가지 일을 할 수 있었던 것이지요.

그러나 동물적인 앞발이 정교한 손으로 탈바꿈되기까지는 6000만 년이라는 긴 세월이 걸렸습니다.

직립 인류의 손은 부드러웠으며 동시에 강한 힘을 발휘할 수 있었습니다. 돌이나 몽둥이 등을 힘껏 거머쥘 수도 있었고 콩처럼 작은 알맹이도 섬세하게 집어들 수 있었습니다.

연장을 만들기 위해서는 울퉁불퉁한 나뭇가지 중에서 곧은 몽둥이감이 될 것을 찾아내거나 둥근 돌 중에서도 돌도끼가 될 만한 것을 잘 찾아내야 합니다. 그러자면 반드시 추리 능력과 상상력이 필요합니다.

그들의 뇌가 추리력과 상상력을 갖추고 있었다는 증거는 여러 가지 있습니다.

그들은 날이 선 돌도끼를 어떻게 만들었을까요? 그들은 그것을, 적당한 크기의 돌을 골라 단단한 다른 돌에 힘껏 부딪쳐

서 만들어 냈습니다.

또 동물들이 겨울에 추위에 떨지 않는 이유가 그들의 털가죽 때문임을 추리해 냈습니다. 그리하여 그들은 죽은 동물의 털가죽으로 옷을 해 입었습니다.

그러나 초기 원시 인류 중에서도 이러한 추리와 상상을 할 수 있었던 부류는 많지 않았습니다. 즉, 원시인들의 추리력과 상상 능력에도 각 개개인에 따라 차이가 있었습니다. 그 점은 현대인들도 마찬가지입니다.

옛날이나 지금이나 남보다 뛰어난 추리 능력을 가진 사람은 발명가가 됩니다. 원시 시대에도 상상으로 생각한 것을 실제로 만들어 이용하는 데에 성공하는 천재들이 있었습니다.

이들 발명가들은 짐승의 눈을 속이는 교묘한 사냥 방법을 생각해 냈으며 맹수를 때려잡을 수 있는 효과적인 무기도 발명하였습니다.

이런 뛰어난 능력의 원시인들은 훌륭한 사냥꾼이 되었습니다. 따라서 그 후손들은 넉넉한 생활을 할 수 있었습니다. 또한 그 뛰어난 지능은 후손들에게 유전됨으로써 지능의 발달이 계속되었습니다.

이러한 초기 영웅들의 위대한 업적은 후손에게 계속 물려지고, 세월이 흐를수록 보다 더 고도의 기술로 발달되었습니다.

뛰어난 기억력, 풍부한 상상력과 추리력, 천재적인 발명은 모두 지능에 의한 것입니다. 그리고 이 지능은 모두 뇌에서 나오는 것입니다. 따라서 지능의 성장은 뇌의 발달을 의미합니다.

박물관에 가 보면 원시인들의 연장 제조 기술이 어떻게 발달하여 왔는가를 한눈에 볼 수 있습니다. 연장의 발달은 뇌의 발달과 함께 이루어졌습니다.

그러나 뇌의 성장을 가속화시킨 것은 연장의 제조뿐만이 아니라 언어의 사용도 큰 역할을 하였습니다.

언어를 잘 사용하려면 후두와 같은 발성 기관이 발달되어야 합니다. 그래야만 발음을 정확하게 할 수 있으니까요.

원시인들은 언어를 사용함으로써 보다 효과적으로 사냥을 할 수 있었습니다.

코끼리나 물소 같은 큰 짐승을 사냥할 때는 여러 사람이 협동을 해야 합니다. 몇 사람이 짐승을 몰면 몇 사람은 연장이나 무기를 사용해서 짐승을 잡는 것이지요.

이 때 서로 언어가 통하지 않는다고 생각해 보세요. 코끼리나 물소를 잡기는커녕 오히려 그들로부터 해를 당하게 될 것입니다.

언어의 발달은 사람들을 서로 더욱 친숙하게 만들었습니다.

또한 무엇보다도 다른 사람의 경험을 손쉽게 전달받을 수 있었습니다.

그들의 혀와 후두 등 발성 기관이 발달하면서 그들은 언어를 더욱 많이 사용하게 되었습니다. 또한 언어를 많이 사용할수록 사고의 내용을 단어로 표현하는 뇌의 작용이 더 필요하게 되었습니다.

이와 같이 연장과 언어의 사용은 뇌의 발달을 계속 부추겼으므로 이 때부터 뇌는 더욱 빠르게 발달하였습니다.

그리하여 인류의 뇌는 100만 년도 채 안 되는 기간 동안에 약 400그램이나 불어났습니다. 이 뇌의 성장은 주로 대뇌 피질의 앞부분에 집중되었는데 이 부분은 창조적인 생각을 하는 뇌 부분입니다.

이처럼 대뇌 피질이 커짐에 따라 원시 인류의 이마는 앞으로 튀어나오게 되었습니다.

이마가 들어가고 턱 부분이 툭 튀어나온 동물의 얼굴 모습이 점차 사라지고 현재의 인류와 같은 지능적인 얼굴로 변한 것입니다.

이 지능적인 얼굴을 가진 인류는 '지혜의 인류' 라는 뜻의 '호모 사피엔스' 라고 불립니다. 동물적인 유인원의 모습에서 이제는 지혜로운 인간으로 새롭게 태어난 것입니다.

인간의 뇌

파충류의 뇌

인간의 뇌는 여러 부분으로 구성되어 있는데, 각 부분은 진화의 과정에 따라 각기 만들어진 시기가 다릅니다.

진화 과정에서 나중에 생겨난 뇌의 기능이 먼저 생긴 뇌의 기능보다 뛰어납니다. 하지만 그렇다고 해서 초기에 만들어진 뇌가 없어지는 것은 아니고, 그 부분도 그대로 남아 있습니다.

가장 뒤늦게 만들어진 대뇌 피질은 인간의 뇌에서 가장 중요한 구실을 하고 있습니다.

대뇌 피질은 초기에 만들어진 원시적인 뇌의 위를 덮고 있는데, 거대한 대뇌 피질에 가려져 있기는 하지만 원시적인 뇌도 자기 나름대로의 역할을 열심히 하고 있습니다.

원시적인 뇌는 아주 오래 전에 살았던 파충류나 포유류의

물고기의 뇌

거북이의 뇌

뱀의 뇌

뇌와 같은 기능을 맡고 있습니다. 인간의 행동 중에서 적지 않은 부분이 이 원시적인 뇌 때문입니다.

이제부터 원시적인 뇌에 대해 자세히 알아보도록 합시다.

인간의 먼 조상이 되는 파충류의 뇌는 세 부분으로 나누어져 있습니다. 후각 기능을 맡은 앞부분, 시각 기능을 맡은 중간 부분, 그리고 몸의 균형과 조정 기능을 맡은 뒷부분이 그것입니다.

이와 같은 뇌의 구조는 물고기의 단순한 뇌에서 시작되었습니다.

뇌의 후각 부분과 시각 부분 사이에는 '간뇌'가 있습니다. 이 간뇌는 시각과 후각의 정보를 종합하여 분석합니다. 동물이 짝을 찾아 자손을 낳고, 먹이를 잡고, 적의 공격으로부터 도망을 할 수 있는 것은 모두 시각과 후각의 기능에 의한 본능 때문입니다. 따라서 간뇌에는 동물의 본능적인 지식이 들어 있다고 볼 수 있습니다.

대뇌 피질이 없이 단지 위의 세 부분들만을 뇌로써 가지고 있었던 파충류는 본능에 의해서만 행동합니다. 무엇을 생각하고 기억하는 능력은 거의 없었습니다. 예를 들어, 알에서 갓 깨어난 거북이 새끼는 이 뇌의 지시에 따라 본능적으로 바다를 찾아가고, 아무에게도 배우지 않아도 바로 곤충이나 작은 물고기를 잡아먹을 수 있는 것입니다.

포유류의 뇌

파충류 이후에 나타난 포유류의 뇌는 환경의 변화에 따라 점차 발전하였습니다.

첫째, 가장 기본이 되는 먹고 새끼를 낳는 본능 이외에 모성애라는 본능을 지니게 되었습니다. 이것은 먹을 것이 없으면 자기가 낳은 새끼도 잡아먹어 버리는 파충류와는 비교할 수 없는 특징입니다.

물론 파충류의 새끼는 살아가는 데 필요한 본능적인 기능이 들어 있는 뇌를 가지고 태어납니다. 따라서 그들은 어미의 도움 없이도 스스로 살아갈 수 있습니다. 파충류는 태어난 순간부터 어른의 역할을 하는 것입니다.

이와는 달리 젖먹이 동물인 포유류는 태어난 후에도 얼마 동안은 어미가 보살펴 주어야만 살아갈 수 있습니다.

만약 포유 동물의 어미에게 모성애가 없었다면 어떻게 되었을까요? 아마 살아 남은 새끼가 없었을 것입니다. 모든 포유 동물들이 모성애를 가지고 있었던 것은 아니므로 모성애가 없

는 포유 동물은 멸종의 길을 걷게 되었고, 결국 모성애를 가진 종류만이 살아 남게 되었습니다.

포유류의 뇌 속에 담겨 있는 파충류의 원시적인 뇌는 포유류의 모성에 의해 더욱 발달하였습니다. 그 이유는 무엇일까요?

어미가 자식을 기르고 보호하기 위해서는 보다 부지런하고

강해져야 합니다. 자기가 먹을 것 외에도 자식들의 먹이를 구해야 하며, 연약한 새끼들을 노리는 맹수들의 공격을 막아야만 하기 때문입니다.

그러므로 먹이를 찾고, 적을 피하는 등의 본능적인 뇌의 기능이 더욱 발달하게 된 것입니다.

포유류의 뇌 진화에서 두 번째 중요한 변화는 야행성에서 생겨났습니다. 앞에서 말했듯이 포유류들은 공룡들을 피해, 약 1억 년 동안을 밤에만 활동해야 했습니다. 따라서 냄새를 맡는 일이 많아져 후각 기능을 맡은 뇌 부분이 혹처럼 부풀었습니다. 이 부푼 부분이 더욱 커져 나중에는 뇌의 가장 중요한 부분이 되었고, 자연히 뇌의 다른 부분들은 그 중요성이 줄어들었습니다.

후각 기능의 확대로 인하여 본래의 기본적인 뇌 위쪽에 혹처럼 부풀어오른 것이 바로 대뇌입니다. 처음, 후각만이 대뇌의 주요 기능이었을 때에는 대뇌가 별로 크지 않아서 주름이 없었습니다.

원래 뇌는 단단한 뼈인 두개골 안에 들어 있습니다. 그렇다면 뇌가 어떻게 커질 수 있었을까요? 그것은 간단합니다. 10센티미터 길이의 병에 50센티미터 길이의 헝겊을 집어넣으려면 어떻게 해야 할까요? 주름을 잡아 구겨 넣으면 되겠지요.

뇌도 작은 크기의 두개골 안에 자리를 잡기 위해서 주름이 잡혀졌습니다.

그러나 초기의 야행성 포유 동물의 대뇌는 아직 그다지 크지 않아서 주름이 잡히지 않은 상태였습니다. 그러다가 공룡이 완전히 멸종한 후에, 포유 동물은 다시 낮에도 활동하게 되었으므로 후각 기능뿐 아니라 시각 기능도 중요하게 되었습니다. 따라서 뇌는 후각 정보와 시각 정보를 함께 종합 · 분석해야 하였으므로 더욱 커지지 않으면 안 되었습니다.

시각의 발달, 특히 입체적 시각의 발달은 대뇌를 더욱 성장시켰으며, 따라서 대뇌는 점점 주름이 잡힌 상태로 변화하였습니다.

뇌에 주름이 잡히는 현상은 대뇌가 큰 동물에게서만 볼 수 있습니다. 즉 고등 동물일수록 주름이 많이 잡혀 있는 것입니다.

대뇌가 가장 급속히 성장한 것은 원숭이와 유인원에게서였습니다. 인간의 직계 조상이 되는 호모 에렉투스의 시대에도 뇌의 성장은 계속되었고, 그 후 100만 년 동안은 성장의 속도가 매우 빨라져 결국 호모 사피엔스의 탄생을 보게 된 것입니다.

이제 파충류와 포유류의 본능적 행동을 담당하는 원시적인

뇌는 대뇌 피질에 눌려 잘 보이지도 않게 되었습니다. 오늘날 인류의 뇌는 뇌의 대부분을 차지하고 있는 대뇌 피질이 먼 옛날의 원시적인 뇌를 완전히 뒤덮고 있는 형태인 것입니다. 그렇지만 크기에 상관없이, 또 어떤 뇌가 먼저 태어났느냐에 관계없이, 원시적인 뇌와 대뇌 피질은 서로 끊임없이 경쟁하고 있습니다. 원시적인 뇌가 지배하는 동물적인 본능과 대뇌 피질이 지배하는 인간적인 이성이 맞서는 것입니다.

이중적 성격

인간의 원시적인 뇌에는 '시상 하부' 라고 하는 호두 크기만한 부분이 있는데, 이 곳을 자극하면 사람은 갑자기 화를 내거나 심한 공포를 느끼게 됩니다. 또한 이 곳 바로 옆에 자극을 가하면 배고픔이나 갈증을 느낍니다.

이 시상 하부에는 그외에도 공격적인 성질이나 살인까지 서슴지 않는 잔인한 성질 등이 담겨져 있습니다.

그리고 상대가 만만해 보이면 대항하고 자기보다 더 강한 것 같으면 도망가는 등의 본능적인 행동을 관리하는 기능도 있습니다.

예를 들어 정상적일 때는 쥐를 잘 잡아먹던 고양이라도 시상 하부를 없애면 코앞에다 쥐를 갖다 주어도 공격을 하지 않습니다. 그런가 하면 시상 하부의 어떤 부분을 자극하면 성격이 온순한 집고양이가 갑자기 사나워져서 상대를 가리지 않고 무섭게 달려듭니다. 그러다가 자극을 중지하면 그 순간에 다시 온순한 고양이로 돌아오는 것입니다.

이상의 실험으로 시상 하부가 분노와 공격적인 성질을 관리하는 기능이 있음을 알 수 있습니다. 즉 시상 하부는 물이 꽉

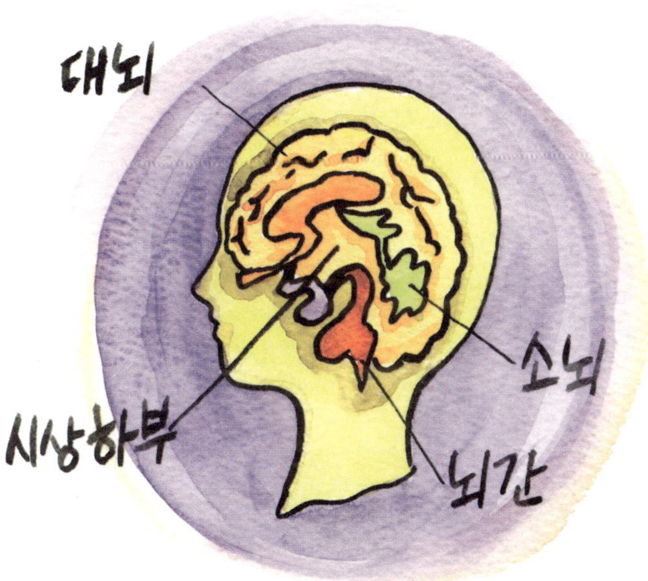

차 있는 물탱크와 같습니다. 보통 때에는 물탱크의 수도꼭지가 꽉 잠겨 있지만 누군가 자기의 짝을 빼앗아 가거나 먹이를 훔쳐 가면 자동적으로 열려서 분노나 공격적인 성질과 같은 동물적 본능이 수돗물처럼 쏟아져 나오는 것이지요.

이 때에 대뇌 피질의 작용이 필요합니다. 얼른 '이성'을 내보내 본능적인 분노를 막아야 합니다. 이 경우 대뇌 피질이 보낸 이성의 힘이 더 세면 동물적 본능은 가라앉고 인간은 침착하게 일을 처리할 수 있습니다. 그런데 본능적인 감정이 너무 강하여 이성이 아무 일도 할 수 없는 경우가 있습니다. 본능이 지휘봉을 휘두르는 것을 이성은 옆에서 구경만 하고 있어야 합니다.

이런 상태에 처해 있는 사람, 즉 너무나 화가 나서 어쩔 줄을 모르고 마구 행동하는 사람을 가리켜 '이성을 잃었다'거나 '제정신이 아니다'라고 말합니다. 원시적인 뇌가 승리한 것이지요.

이렇게 인간의 몸에는 두 개의 성격이 동시에 자리잡고 있습니다. 하나는 생존에 관계된 동물적 본능으로 대뇌 피질의 밑에 위치한 원시적인 뇌에 담겨 있고, 다른 하나는 이성적인 기능으로 대뇌 피질에 담겨 있습니다.

때때로 사람들은 자기 안에 두 개의 성질이 있다는 것을 느끼게 됩니다. 심한 분노를 느꼈을 경우 머릿속으로는 참으려고 하지만 생각대로 되지 않고, 자기도 모르게 감정에 휘말려 분노를 터뜨립니다. 그러나 일반적으로 인간의 대뇌 피질은 원시적인 뇌를 관리할 수 있습니다.

동물적 본능이 원시적인 뇌 속에 태어날 때부터 들어 있었던 데 반해 대뇌 피질 속의 인간적 이성은 살아가면서 쌓이는 것입니다. 교육에 의해서, 또는 경험에 의해서 말입니다.

따라서 대뇌 피질이 성숙된 인간일수록 함부로 행동한다거나 생각없이 먹는다거나 지나치게 화를 내는 등의 동물적인 행동을 하지 않습니다.

인간은 원시적인 뇌와 대뇌 피질에 담겨 있는 서로 반대되는 두 가지 성질 즉, 본능과 이성을 적절히 조절할 줄 알아야만 하는 것입니다.

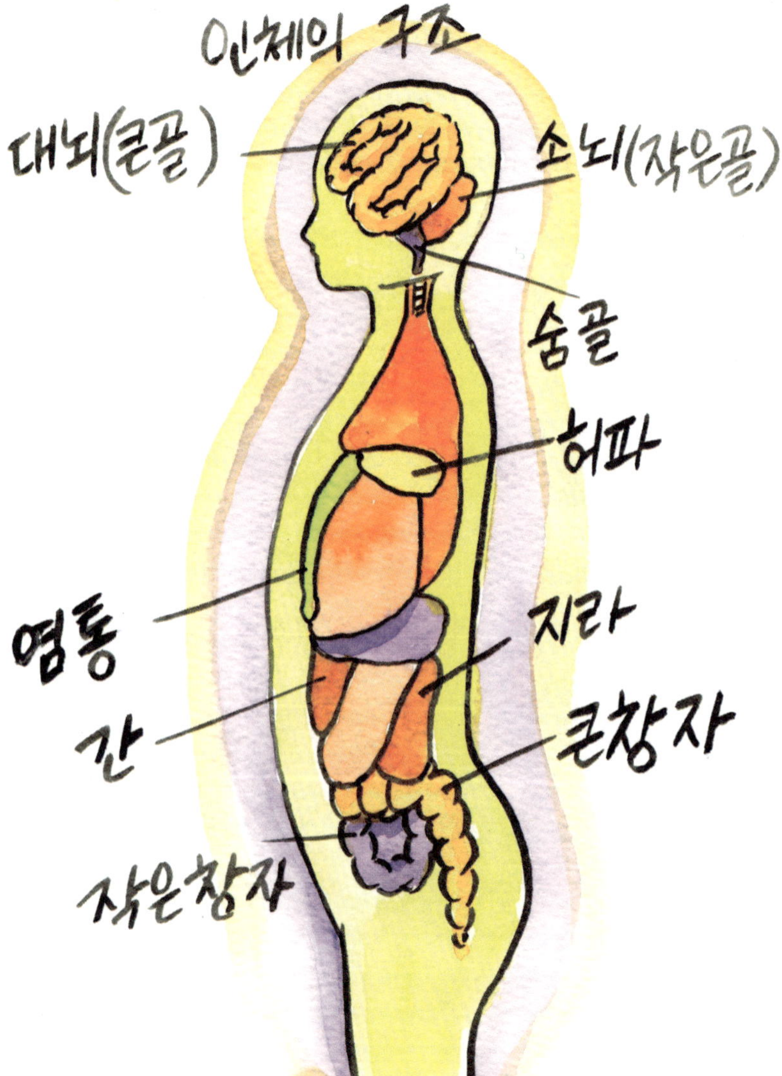
인체의 구조
대뇌(큰골)
소뇌(작은골)
숨골
허파
염통
지라
간
큰창자
작은창자

전자뇌

미래의 생명체

인간의 몸 구조는 지난 100만 년 동안 거의 변화가 없었으며 뇌의 크기도 지난 10만 년 동안 변함이 없었습니다. 그렇다면 이제 인간의 진화는 끝난 것일까요?

그 동안 뇌의 기능은 계속 발달해 왔습니다. 그러나 일정한 크기의 두개골 안에 들어갈 수 있는 정보의 양은 한정되어 있습니다. 인간의 뇌는 처음 100만 년 동안은 빠르게 발전하였으나 이제는 더 이상 성장하지 않고 있습니다. 아마도 인간의 진화는 끝났는지 모릅니다.

하지만 지능의 진화가 끝난 것은 아닙니다. 인간이 지구 생물의 지능 진화에서 마지막 단계라고 말할 수는 없습니다.

면 훗날 보다 뛰어난 지능을 가진 새로운 인간이 등장하게 될 가능성도 없지 않습니다. 다시 말해, 유인원 인간이 자신들보다 발달된 지능을 지닌 현재의 인간으로 진화되었듯이, 지금의 인간도 더 지능적인 미래의 생명체를 낳고 멸종해 버릴지도 모릅니다.

생물의 역사를 돌이켜보면 고등 동물일수록 지능이 점점 높아졌습니다. 이러한 고등 동물의 지능 진화는 1억 년 전부터 끊임없이 진행되어 왔으므로 '인간' 이라고 하는 지금의 단계에서 갑자기 멈추지는 않을 것입니다.

인간 다음으로 나타날 생명체는 어떻게 생겼을까요? 새로 나타날 생명체를 상상해 내기 위해서 먼저 과거의 경우를 살펴보기로 합시다.

약 3억 500만 년 전에 멸종한 '네안데르탈인' 은 유인원 인간과 오늘날의 인류와 중간 단계의 인류였습니다.

그런데 이 네안데르탈인의 뇌의 크기는 인간의 뇌와 같았습니다. 뇌의 크기가 같았다면 지능도 같았을 터인데 어째서 네안데르탈인만이 멸종하였을까요? 그 답은 네안데르탈인의 두개골 앞부분 즉, '전두엽' 이라는 곳 에서 찾을 수 있습니다.

전두엽은 창조적인 생각을 하는 부분입니다. 네안데르탈인의 전두엽은 현대인에 비해 그 크기가 작았습니다. 그것은 얼굴 모습에서도 알 수 있는데 네안데르탈인은 얼굴의 아랫부분, 그러니까 턱과 입 주변이 튀어나오고 그 대신 이마는 들어갔습니다. 그러나 현재의 인간은 이마와 턱이 거의 일직선으로 연결되어 있습니다. 전두엽 때문에 이마가 그만큼 튀어나온 것이지요.

현대인에게 있어서 전두엽은 예술과 과학 등을 창조해 내는 역할을 하고 있지만 과거 초기 인류에게 전두엽은 여러 가지 어려움을 헤쳐 나가는 창조적 역할을 하였습니다. 따라서 전

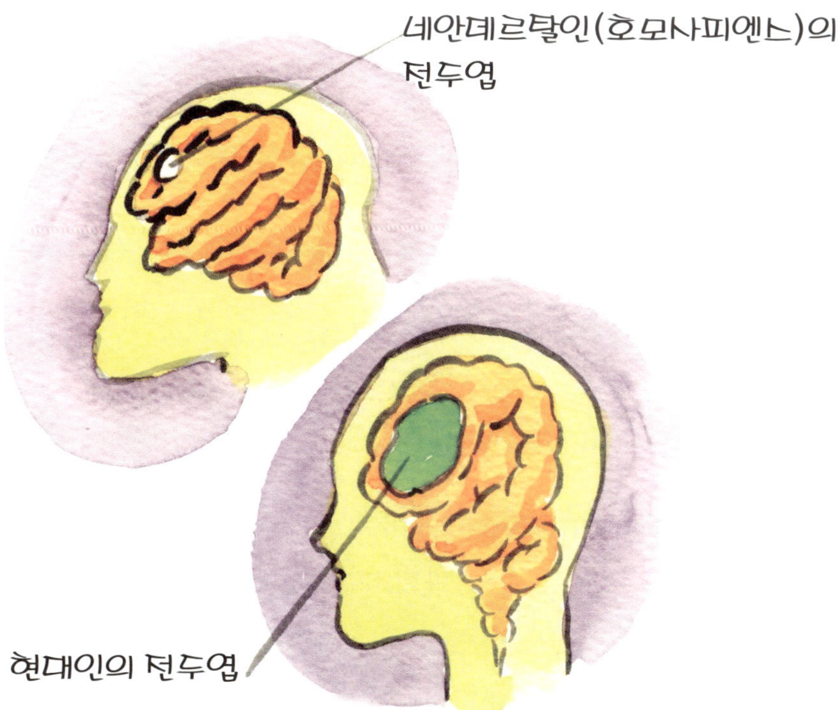

두엽이 작았던 네안데르탈인은 어려움을 해결해 나가는 창조력이 부족하여 멸종하고 말았던 것입니다. 대부분 뇌가 크면 지능이 높다고 하는데, 지능의 정도는 뇌의 내부 구조에 따라 서로 다르다는 것을 알 수 있습니다.

네안데르탈인의 예를 보면 새로 태어날 인간은 지금의 인간보다 더욱 발달한 뇌를 가지게 될 것입니다. 따라서 모습은 우리와 거의 비슷하겠지만, 뇌가 상당히 발달하여 이마가 더 튀어나오고 머리가 커지는 대신 필요 없는 근육이나 몸집은 작아질 것이라고 생각됩니다.

전자뇌의 탄생

현대 과학 기술의 발달을 살펴보면, 인류 지능의 진화가 전연 새로운 방향으로 나아가고 있음을 알게 됩니다.

그것은 지금의 인간을 바탕으로 더욱 지능적인 인류로 진화하기 보다, 새로운 지능의 생명체를 만들어 내는 것입니다.

새로운 지능의 생명체란 과학자에 의해서 실험실에서 만들어지는 인공 지능으로 이루어진 전자뇌를 말합니다. 뇌가 신경 세포로 이루어져 있다면 전자뇌는 '규소'라는 물질로 된

'칩' 으로 만들어집니다.

이 전자뇌, 즉 컴퓨터는 생각하고 기억할 수 있으며 배운 것을 활용하는 능력도 있습니다. 최근에 발명된 컴퓨터는 질문에 대한 대답을 할 수 있고, 사람과 대화까지도 가능합니다. 제법 복잡한 내용의 대화까지 나눌 수 있기 때문에 대화를 나누는 사람도 자기가 기계와 이야기를 하고 있다는 사실을 느끼지 못할 정도입니다.

사실 컴퓨터는 원숭이처럼 사람이 하는 행동을 그대로 모방합니다. 성능이 좋은 컴퓨터는 그만큼 모방 기술이 뛰어난 것이라고 볼 수 있습니다. 컴퓨터 기술이 현재와 같은 속도로 빠르게 진행된다면 머지않은 미래에 인간의 능력과 비슷한 수준의 컴퓨터가 나올 것입니다.

이제부터 어떻게 해서 전자 두뇌, 즉 컴퓨터가 태어나게 되었는지를 알아보도록 합시다.

인류의 조상이 크로솝테리지안이라는 물고기라면 컴퓨터의

조상은 '주판' 입니다.

지금도 우리 주변에서 쉽게 볼 수 있는 주판은 인류 최초의 계산기인 셈인데, 문명이 발달한 나라일수록 주판의 역사가 길고, 널리 사용되었습니다.

주판의 원리와 컴퓨터의 원리는 매우 비슷합니다. 아래 주판알을 하나 올리면 1이 되고 다시 내리면 0이 됩니다. 아래 주판알을 3개 올리면 3이 되지요. 이런 식으로 주판알 하나하나가 각기 숫자의 의미를 나타내므로 이것을 올리고 내리는 것이 바로 수의 계산 방법이 되는 것입니다.

그러나 주판은 정확히 말해서 계산기라고 하기보다는 '기억기' 라고 해야 합니다. 주판은 인간이 준 수치를 기억해 두고 있을 뿐 사실 계산을 하는 것은 인간 자신입니다. 즉, 인간이 간단한 더하기나 곱셈을 기억하고 있어서 그것을 손가락을 사용해 주판알에 기억시키고는, 이것을 계속 반복하는 것입니다.

1633년에 주판보다 훨씬 더 컴퓨터에 가까운 '계산척' 이라는 기계가 등장하였습니다. 이 계산척은 영국에서 최초로 발명되었는데, 인간이 계산하려고 하는 숫자를 주면 그것만으로 답을 자동적으로 구해 내는 기계였습니다.

계산척은 눈금을 사용해 수를 계산해 냈는데 복잡한 곱셈이나 나눗셈의 답을 쉽게 구할 수 있었습니다. 눈금을 사용했기 때문에 주판과는 달리 어떤 수를 작게 나눌 수도 있었고 매우 큰 수도 표현할 수가 있었습니다.

계산척 다음에 나온 계산기는 '톱니바퀴 계산기' 였습니다. 이것은 유명한 프랑스의 학자 파스칼에 의해서 만들어졌는데, 이 계산기가 만들어진 이유는 파스칼의 아버지 때문이었습니다.

파스칼의 아버지는 걷어들인 세금을 계산하는 세무서의 관리였습니다. 세금을 계산하는 일은 매우 복잡하고 힘든 일이었습니다. 그렇기 때문에 파스칼의 아버지는 매일 밤늦게까지 그 일을 해야만 했습니다. 그것을 본 파스칼은 아버지를 도와드려야겠다고 생각했습니다.

그리하여 파스칼은 19세가 되던 1642년, 세계 최초의 톱니바퀴식 계산기를 만들어 냈습니다.

이 계산기는 덧셈만 할 수 있는 기계였지만 파스칼 아버지의 세금 계산을 도와준 것은 물론 한동안 많은 사람들의 생활을 편리하게 해주었습니다.

파스칼의 톱니바퀴 계산기는 라이프니츠라는 학자에 의해 좀더 우수하게 고쳐졌는데, 그 때가 1694년이었습니다. 라이프니츠가 만든 계산기는 더하기는 말할 것도 없고 빼기, 곱하

기, 나누기까지 할 수 있었습니다.

이런 종류의 톱니바퀴식 계산기는 계속 고쳐져서 얼마 전까지도 사용되었습니다.

컴퓨터라는 것은 보통의 계산기와는 다릅니다. 보통의 계산기에서는 더하기, 빼기의 명령을 계산할 때마다 일일이 키를 눌러 기계에게 주어야만 합니다. 이에 비해 컴퓨터는 계산 순서를 처음에 프로그램으로 정리하여 가르쳐 주면 나머지는 기계가 자동적으로 움직여서 계산 결과를 얻을 수 있습니다. 이러한 차이는 기계에 기억 장치, 즉 '뇌수'가 있고 없는 데에 있습니다.

인간의 뇌는 어떤 일을 할 경우 일의 방법을 일단 배우면 그것을 기억해 두었다가 차례대로 다시 기억해 내면서 일을 진행시켜 나갑니다. 또한 어떤 상황에 처할 때마다 이 경우에는 무엇을 어떻게 하면 좋은가 하는 것을 판단할 줄 압니다.

인간은 컴퓨터에도 이와 같은 능력을 넣어 주었습니다. 그것이 바로 컴퓨터의 뇌수인 프로그램입니다.

계산기에 사용하는 프로그램을 처음 생각해 낸 사람은 영국인 찰스 바베지였습니다. 바베지는 오랜 기간 정열을 쏟은 끝에 1822년에 드디어 '계차기관'이라는 기계를 발명해 냈습니다. 계차기관은 1801년에 프랑스인 쟈카르가 만들어 낸 직물 제조기를 응용한 것이었습니다.

쟈카르가 만든 직물 제조기는 구멍을 뚫은 카드를 사용해 옷감을 짜는 기계였습니다. 구멍을 여러 가지 모양으로 뚫은 카드를 사이에 두고 씨실과 날실을 사용해 옷감을 짜면 카드의 구멍이 나열된 모양대로 무늬가 만 들어집니다. 즉, 카드 구멍의 구조에 의해 모양이 정해집니다.

1887년에는 미국인 하먼 호레리스가 바베지와 마찬가지로 쟈카르의 직물 제조기에서 아이디어를 얻어 '펀치 카드 통계기' 라는 기계를 만들어 냈습니다.

펀치 카드 통계기는 숫자를 카드 구멍 위치에 표시해 주면 그 카드가 기계로 처리되어 빠른 속도로 분류나 집계를 할 수가 있는 매우 훌륭한 기계였습니다.

이 때 호레리스가 그 계산기의 연구와 생산을 목적으로 만든 회사가 현재 세계에서 제일 큰 컴퓨터 회사인 〈아이 비 엠(IBM)〉 모체입니다.

1944년에 이 〈아이 비 엠〉 회사와 하버드 대학이 공동으로 연구 · 제작하여 최초의 본격적인 자동 계산기 '마크1' 을 탄생시켰습니다.

그러나 마크1은 완전한 전자 계산기라고는 할 수 없었고, 진정한 의미에서의 전자 계산기, 즉 컴퓨터는 1946년에야 완성

이 되었습니다. 이것이 유명한 '에니아크' 입니다. 에니아크를 만들어 낸 사람은 미국 펜실베이니아 대학의 연구실에 있던 에카드와 모크리라는 두 연구 기사였습니다.

이들은 라디오에 사용되고 있던 진공관을 계산기에 이용하였습니다. 그 때는 열 개 미만의 진공관으로 된 라디오도 만들기가 매우 복잡하고 어렵던 때였는데 에카드와 모크리가 만들어 낸 기계에는 자그만치 1만 8000개가 넘는 진공관이 사용되었습니다.

에니아크는 일단 그 크기만으로 세상을 놀라게 하였고 다음은 그 기능으로 다시 세상 사람들을 놀라게 하였습니다.

에니아크가 원주율을 계산해 낸 것입니다.

원주율이란 원의 둘레와 그 지름과의 비를 말하는데, 고대 그리스의 수학자 아르키메데스가 최초로 3.14라는 표준 원주율을 구해 냈습니다. 그가 지금으로부터 2,200년 전에 구한 원주율이 아직까지도 세계 곳곳에서 쓰이고 있습니다.

1800년대에 네덜란드 사람 루돌프가 원주율의 소수점 이하 35단까지를 계산해 냈는데 그 당시 그것은 세계 기록이었습니다.

그러다가 1873년에 영국인 샹크스가 루돌프의 기록을 깨고 770단까지를 계산해 내 새로운 기록을 세웠습니다.

이 신기록은 너무도 놀랍고 엄청난 것이어서 아무도 이 기록에 도전하려고 하지 않았습니다. 샹크스는 자신의 칠십 평생을 원주율 계산에만 바쳤던 것입니다.

그런데 에니아크가 이 기록에 도전했고, 에니아크는 단 40초 만에 샹크스의 위업을 깨뜨렸습니다. 더군다나 샹크스의

계산에는 528단째에 잘못이 있어서 그 이후의 답은 전부 엉터리라는 것까지 밝혀 냈습니다.

여러분은 이 세계 최초의 컴퓨터가 그 당시 불러일으킨 충격이 어떠했을지 상상이 가세요?

컴퓨터의 구조

컴퓨터는 다섯 가지의 기본 원리로 이루어져 있습니다. 그것은 '입력 장치'와 '출력 장치', '연산 장치'와 '제어 장치' 그리고 '기억 장치'인데 이제부터 하나하나의 역할들을 알아보도록 합시다.

입력 장치

컴퓨터의 입력 장치란 정보를 받아들이는 부분으로 인간의 눈과 귀에 해당합니다. 그런데 컴퓨터는 우리들이 사용하는 글이나 말은 알아듣지 못하므로 인간은 전달 사항을 컴퓨터가 알아들을 수 있는 언어로 바꿔 주어야 합니다.

컴퓨터의 언어는 '점자 언어'입니다. 즉, 펀치 카드나 마크 페이퍼가 그것입니다. 종이를 뚫어 작은 구멍을 내는 것을 펀치라고 하는데 이 구멍이 숫자나 문자를 대신합니다. 구멍으로 글자를 나타내려면, 글자 수만큼의 구멍의 위치만 있으면 됩니다.

예를 들면 다음과 같습니다.

오늘이 28일이면 우리는 '이십팔일'이라고 말이나 글로 표현합니다. 그렇지만 컴퓨터에 28일이라는 날짜를 입력하려면

컴퓨터의 언어인 점자 언어로 바꾸어 넣어야 합니다.

10	20	30						
○	○	○						
1	2	3	4	5	6	7	8	9
○	○	○	○	○	○	○	○	○

우선 위와 같은 그림이 그려진 컴퓨터 종이를 준비하고 거기에 펜으로 28을 색칠합니다.

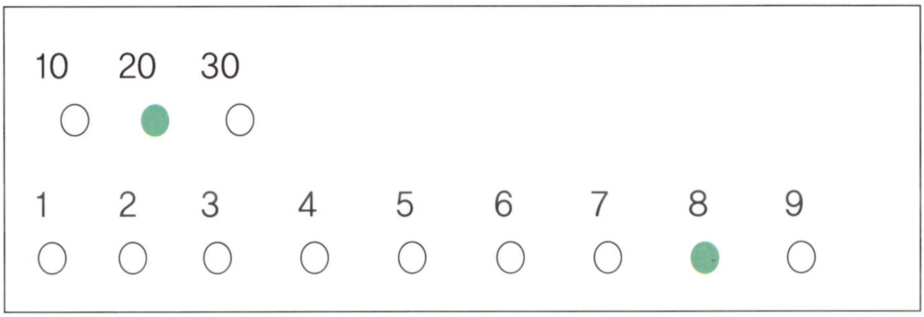

이렇게 표시해서 입력 장치에 넣으면 컴퓨터는 이것이 28일을 표시한다는 것을 알아차립니다.

그렇다면 컴퓨터가 어떻게 해서 그 표시가 28임을 알아차리게 되는지 입력 장치의 내부 구조를 살펴보도록 합시다.

컴퓨터의 전원을 켜고 입력 장치에 컴퓨터 용지를 넣으면 컴퓨터가 작동을 시작합니다. 컴퓨터 용지는 '광원', 즉 빛 아래 놓이게 되고 컴퓨터 용지 밑에는 '광전소자'인 전자가 놓입니다. 그러니까 입력 장치 속의 빛과 광전소자 사이를 컴퓨터 용지가 뚫고 들어가는 셈입니다.

앞의 날짜를 표시한 용지를 컴퓨터의 입력 장치에 넣었다고 생각해 봅시다.

우선 광원이 빛을 비출 것입니다.

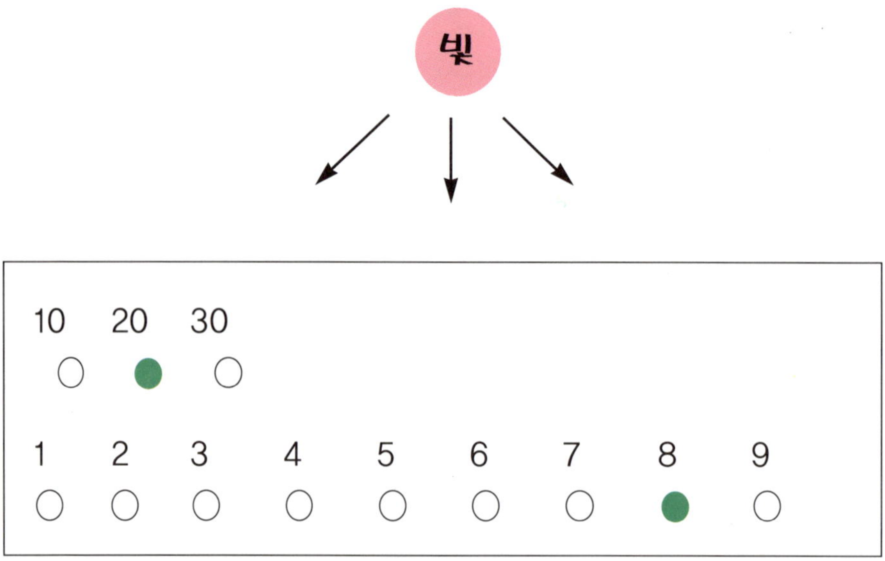

위의 상태에서 빛은 검게 칠해진 20●과 8●의 두 원은 통과하지 못하고 백지는 통과합니다. 이렇게 되면 빛을 받은 컴퓨터 용지 밑의 전자는 20과 8이라는 숫자를 기억하고 전류를 흘려 보냅니다.

이 때 전자가 내보내는 전류를 '펄스 전류' 라고 부릅니다. 펄스란 맥박을 뜻하는데, 컴퓨터가 작동한다는 것은 펄스 전류가 컴퓨터 안을 돌고 있다는 것입니다. 어떤 정보라도 일단 펄스 전류라는 형태로 바꾸어 버리면 그 다음은 모든 것을 컴퓨터가 알아서 처리합니다. 그러므로 인간은 인간이 사용하는 글자를 '구멍 부호' 라는 컴퓨터 글자로 바꾸는 작업을 하여 컴퓨터에 넣기만 하면 됩니다.

이상과 같이 광원과 전자로 이루어진 장치로서, 컴퓨터 언어가 적힌 용지를 받아들여 거기 표시된 정보를 독해하는 것이 바로 '입력 장치' 입니다.

기억장치

컴퓨터를 흔히 전자뇌라고 부릅니다. 그것은 컴퓨터가 다른 기계들과는 달리 두뇌라고 할 수 있는 '기억 장치' 를 가지고 있기 때문입니다.

인간이 일하는 순서와 방법을 프로그램에 짜서 넣어주기만 하면 컴퓨터는 언제나 그것을 기억하고 있습니다. 정보인 펄스를 붙잡아 보존해 두는 것이지요. 바로 이 프로그램을 기억하는 장소, 그것이 기억 장치입니다.

연산 장치

컴퓨터의 연산 장치는 '앤드(AND)' 회로와 '오알(OR)' 회로, '나트(NOT)' 회로로 구성되어 있습니다.

AND 회로는, 앞과 뒤에 적힌 내용이 모두 '사실' 일 때 결과값으로 '사실' 을 만들어 주는 연산자입니다.

OR 회로는, 앞과 뒤에 적힌 내용 중 하나만 사실이어도 결과값을 사실로 만들어 주는 연산자이며, NOT 회로는 뒤의 내용을 부정하는 연산자입니다.

이 세 회로가 빠르게 움직여서 복잡한 계산을 해결해 내는 것입니다.

출력 장치

컴퓨터가 아무리 어렵고 복잡한 계산을 해냈다 하더라도 그 계산 결과를 인간이 알아볼 수 없으면 아무 소용이 없습니다. 컴퓨터가 계산한 결과를 문자, 도형 또는 음성 등 인간이 알아볼 수 있는 형태로 바꾸어 내보내 주는 장치 그것이 바로 '출력 장치' 입니다.

제어 장치

컴퓨터는 다른 기계와 달리 스스로 일을 처리해 나가는 능력이 있습니다.

그러나 실은 컴퓨터도 명령의 신호에 따라 움직이는 기계입니다. 단지 전자 계산기나 자동차처럼 일일이 계속해서 명령을 내릴 필요가 없다는 점이 다를 뿐입니다.

윗디스크
데이터 디스크
부디스크
데이터 디스크
밑디스크
기억 장치(자기디스크)의 구조

컴퓨터에게 신호하는 명령의 종류는 대체로 백 가지 정도입니다. 이 중에는 데이터를 읽어라, 결과를 써서 내라, 어느 것이 큰가 비교하라, 작동을 멈추어라 등등 각종 세밀한 명령어들이 정해져 있습니다.

그런데 이런 명령어들을 보통의 말로 컴퓨터에 전달한다는 것은 도저히 불가능한 일입니다. 따라서 간단한 암호들로 바

명령어의 예

코드	기호	의미
+01	CUP	상위 누산기를 0으로 하라
+22	ALO	하위 누산기를 더하라
−21	SUP	상위 누산기에서 빼라
+30	CMP	털고 곱하라
+23	FAP	부동 소수점수를 더하라

꾸는 작업이 필요합니다. 따라서 컴퓨터는 전기로 움직이는 기계이므로 인간이 암호로 쳐 보낸 신호는 펄스로서 컴퓨터에 전해집니다.

이처럼 명령어에 따라 움직일 수 있도록 컴퓨터를 조절하는 장치를 제어 장치라고 부릅니다.

컴퓨터와 미래

컴퓨터의 진화

세계 최초로 컴퓨터가 상품으로서 완성된 것은 1951년인데, 이 최초의 컴퓨터를 '유니바크1' 이라고 부릅니다. 또한 이 유니바크1이 만들어진 1951년 이후를 컴퓨터의 제1세대라고 합니다.

제1세대의 컴퓨터 주인공은 뭐니뭐니 해도 진공관이었습니다. 하지만 진공관은 에니아크와 같은 외부 프로그램 방식의 컴퓨터에는 그런대로 적합하지만, 기억 면적을 많이 필요로 하는 프로그램 내장 방식의 기억 장치에는 적합하지가 않습니다. 왜냐하면 진공관의 값이 매우 비싸기 때문입니다.

그래서 여러 종류의 기억 장치가 새로 개발되었습니다. 우

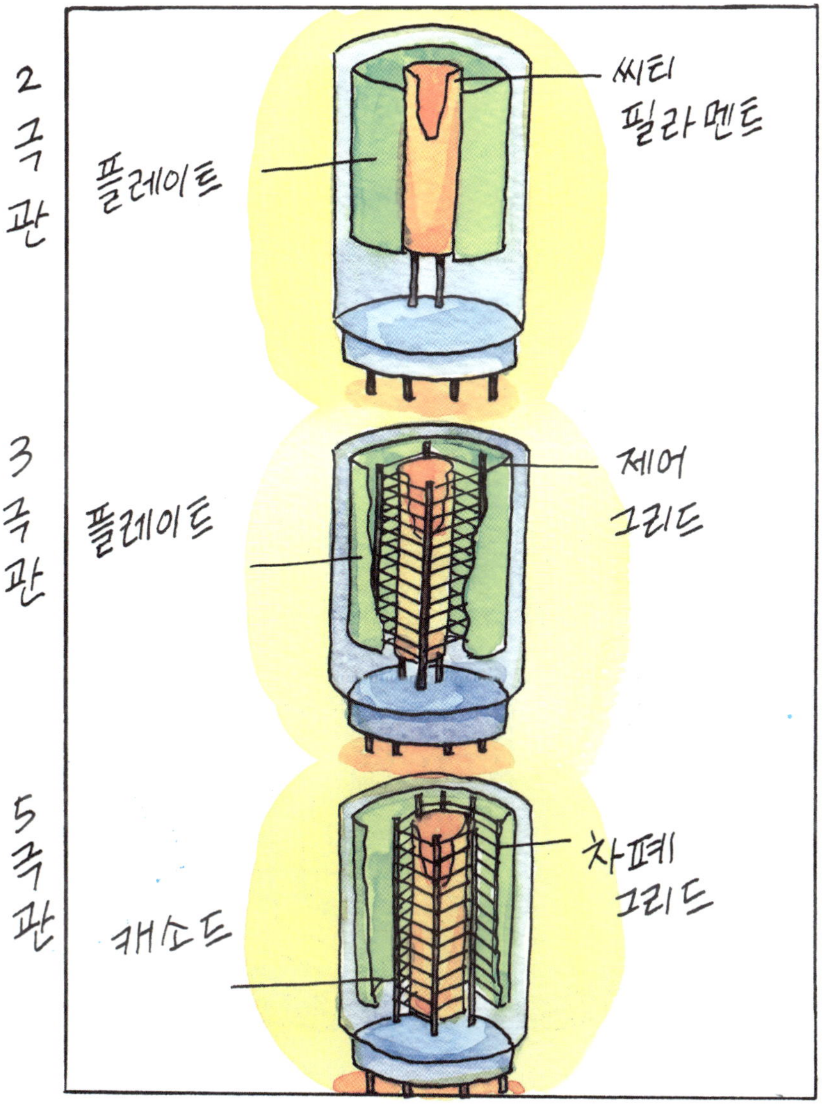
2극관
씨티 필라멘트
플레이트
3극관
제어 그리드
플레이트
5극관
차폐 그리드
캐소드

자기 드럼의 구조

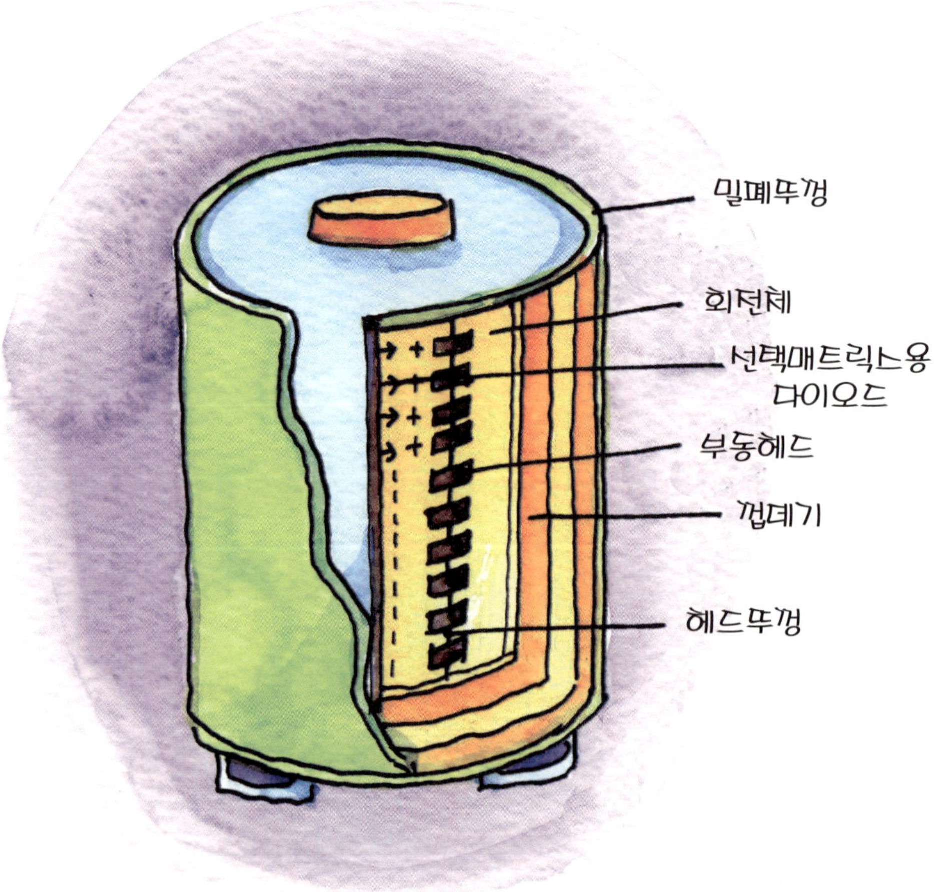

선 최초로 초유파를 이용한 '수은 지연 탱크'가 개발되었고, 그리고 '이어 브라운관' '자기 드럼' 등이 등장했습니다. 이 중에서 진공관과 함께 많이 쓰였던 것은 자기 드럼이었습니다.

자기 드럼이라는 것은, 원통의 둘레에 자성 도료를 칠하고 원통을 회전시키면서 전자석으로 그 자기의 변화를 측정해 정보를 기억하는 장치입니다.

컴퓨터 제1세대는 결국 이 자기 드럼과 진공관의 시대였다고 할 수 있습니다.

1948년에 개발된 전자 부품 '트랜지스터'가 1950년 경에 실용화되자 트랜지스터는 즉시 컴퓨터의 세계에 도입되었습니다.

사실 진공관은 여러 가지 결점을 가지고 있었습니다. 진공관은 작동을 시작하면 전구처럼 열을 발생하기 때문입니다. 따라서 수천 개의 진공관이 계산을 하느라 번쩍거리면 그 열은 상당한 것이 되므로 잠깐 사용하고는 끄고 또 잠깐 사용하고는 꺼야 했습니다. 또한 고장도 잦았으며, 화재의 위험까지 안고 있었습니다.

이런 진공관과 비교하면 트랜지스터는 부피가 작고, 가볍고, 깨뜨려지지 않고, 고장이 적고, 열도 내지 않고, 전기도 많이 소비하지 않는 그야말로 '세발의 마술사' 였습니다.

컴퓨터의 제2세대는 바로 이 트랜지스터의 시대였습니다.

제2세대의 개막을 알린 것은 1958년경 〈유니바크〉 회사에서 만들어 낸 '유에스에스시(USSC)' 라는 컴퓨터였습니다.

이 컴퓨터는 진공관이 아닌 '트랜지스터' 와 '다이오드' 에 의해서 작동되었습니다.

1960년에 〈아이비엠〉 회사에서 만들어 낸 '아이비엠(IBM)1401' 이라는 컴퓨터도 역시 트랜지스터에 의해 작동되었습니다. 이 컴퓨터는 당시 1,000대 이상이나 팔려 나가서 컴퓨터라는 전자뇌에 대한 사람들의 관심을 그대로 드러내 보였습니다.

제1세대 컴퓨터의 진공관은 2개의 수를 더하는 데 약 1밀리세컨드의 시간이 걸렸습니다. 1밀리세컨드란 1,000 분의 1초를 말합니다.

그런데 새로운 전자 부품인 트랜지스터를 사용하는 제2세대 컴퓨터는 진공관 컴퓨터와 똑같은 계산을 하는 데에 약 1마이크로세컨드가 걸렸습니다. 1마이크로세컨드는 100만 분의 1초를 말합니다. 정말 놀라운 계산 속도가 아닐 수 없습니다.

한편 인간의 뇌가 2배로 진화하기까지는 수천만 년이 걸렸습니다.

진공관(제1세대 컴퓨터)

트랜지스터
(제2세대 컴퓨터)

아이시(I.C) 제3세대
컴퓨터

그러나 전자뇌인 컴퓨터의 성능은 7년 정도의 기간에 약 1,000배 가까이 그 성능이 우수해졌습니다.

컴퓨터의 제3세대는 아이비엠 360시리즈에 의해 열렸습니다. 1965년의 일입니다. 이 제3세대 컴퓨터의 주인공은 아이시(IC) 회로입니다. 아이시 회로의 계산 속도는 제2세대와 별다른 차이가 없지만, 그 크기에 있어서 큰 변화가 있었습니다.

제2세대 컴퓨터의 전자 부품인 트랜지스터의 크기가 트럼프 카드 정도였다면 제3세대 컴퓨터의 아이시 회로는 우표보다도 작은 크기였습니다.

아이시 회로의 정확한 크기는 사방 2내지 3밀리미터이며, 놀랍게도 이 작은 실리콘 판자 위에 트랜지스터와 다이오드, 저항 등의 부표들이 수백에서 수천 개까지 조립 되어 있습니다.

이 전자 부품들의 소형화로 인해 처음에는 커다란 건물 크기만하던 컴퓨터가 지금처럼 작아질 수 있었습니다.

그런데 컴퓨터의 발달 과정을 살펴보면 한 가지 재미있는 사실을 발견할 수 있습니다.

컴퓨터는 이상하게도 7년을 단위로 커다란 변화를 보였던 것입니다.

1936년에 츄우링이라는 사람이 만능 자동 계산기의 실현 가능성에 대한 책을 발표한 7년 뒤인 1944년에 최초의 본격 자동 계산기 마크1이 완성되었습니다.

또 그 7년 뒤인 1951년 유니바크1이 발표되어 컴퓨터의 실용화 시대를 열었고, 다시 7년째인 1958년에 유에스에스시가 나와 제2세대인 트랜지스터 시대를 꽃 피웠습니다.

그리고 다시 7년 뒤인 1965년에 아이비엠360시리즈에 의한 제3세대 컴퓨터 시대가 시작되었습니다.

정말 신기한 일이지요? 생물의 진화가 발전적인 방향으로만 진행되어 온 데에는 적자 생존의 원칙 이외에도 어떤 보이지 않는 힘이 작용하였을 것이라는 추측들이 일고 있습니다.

컴퓨터와 인간 생활

제5세대 컴퓨터가 현재 개발 중에 있습니다. 이 컴퓨터에 사용될 칩의 크기는 0.3제곱 밀리미터인데, 이 면적 안에 자그만치 약 25만 개의 진공관 기능을 할 수 있는 전자 부품이 담겨진다고 합니다.

컴퓨터 즉 전자뇌는 이처럼 엄청난 속도로 진화하고 있습니다. 제1세대 컴퓨터는 인간의 뇌에 비하여 그 기능과 효율성이

12:15

십억 분의 일에 불과하였습니다. 물론 뛰어난 계산 능력은 제외하고 말이지요.

그러나 현재 이 격차는 천 분의 일로 줄어들었습니다. 이제는 장기를 둘 수도 있고 간단한 대화까지 나눌 수 있는 컴퓨터가 나와 있습니다.

지금까지 컴퓨터의 역사를 살펴보면 그 발달 속도가 얼마나 빨랐는지를 알 수 있습니다. 따라서 머지않아 인간의 여러 가지 뇌 기능과 비슷한 컴퓨터가 등장할 것으로 여겨집니다. 이미 컴퓨터는 인간의 삶 속에 깊숙이 그리고 넓게 퍼져 있습니다. 공장용이나 사업용으로 쓰이던 컴퓨터가 크기가 작아지고 가격은 싸며 조작이 간편해진 형태로 일반 가정에까지 보급된 것입니다. 여러분은 컴퓨터가 변한 형태를 이제 어디에서나 쉽게 접할 수 있습니다. 집에 있는 여러 가지 전자 제품들 즉, 디지탈 시계나 주머니 속에 들어가는 전자 계산기, 작은 놀이용 컴퓨터 게임기 등등이 바로 그것입니다.

날씨가 추워지면 집 안의 온도를 높여 주는 난방 장치의 온도 조절기도 컴퓨터의 전자 감지 장치에 의해 작동되는 것입니다.

그것은 기온이 차가워지면 스스로 난방을 시작하였다가 온도가 적당하다고 여겨지면 자동으로 작동을 멈춥니다.

다가올 미래에는 인간의 뇌와 전자뇌 이 두 종류의 지능이 서로 도우면서 일을 해 나아가는 세계가 될 것입니다.

생명의 탄생과 진화론

2012. 7. 10 인쇄
2012. 7. 15 발행

엮은이 대한과학진흥회
펴낸이 신 주 황
펴낸곳 스완미디어
등록 제2-4534호
주소 서울 · 중구 만리동1가 12-33 태영빌딩
대표전화 02) 02-393-0026
팩스 02) 02-312-8349

ISBN 978-89-92565-35-6

값 8,500원